Edeltraud Haischberger • Frau, stell dich auf die Füße!

Edeltraud Haischberger

Frau, stell dich auf die Füße!

Das Anti-Hascherl-Buch

ENNSTHALER VERLAG STEYR

Die in diesem Buch vorgestellten Vorstellungen, Vorschläge und Therapiemethoden sind nicht als Ersatz für eine professionelle medizinische Behandlung gedacht. Jede Anwendung der in diesem Buch angeführten Ratschläge geschieht nach alleinigem Gutdünken des Lesers.
Autor, Verlag, Berater, Vertreiber, Händler und alle anderen Personen, die mit diesem Buch in Zusammenhang stehen, übernehmen keine Haftung für eventuelle Folgen, die direkt oder indirekt aus den in diesem Buch gegebenen Informationen resultieren oder resultieren sollen.
Es wird darauf hingewiesen, dass alle Angaben trotz sorgfältiger Bearbeitung ohne Gewähr erfolgen und eine Haftung des Verlags ausgeschlossen ist.

www.ennsthaler.at

ISBN 978-3-85068-865-9

Edeltraud Haischberger · Frau, stell dich auf die Füße!
Alle Rechte vorbehalten
Copyright © 2011 by Ennsthaler Verlag, Steyr
Ennsthaler Gesellschaft m.b.H. & Co KG, 4400 Steyr, Österreich
Umschlaggestaltung und Satz: DIE BESORGER mediendesign & -technik, Steyr

Inhaltsverzeichnis

Die fünf großen Selbst für ein glückliches Leben 7

I. SELBSTLIEBE 11
   Sie sind einzigartig – Wissen Sie das auch? 12
   Endlich – auch ich darf mich lieben! 16
   Verlieben Sie sich in sich selbst! 20
   Sie sind der Star in Ihrem Leben 26
   Genießen Sie das Leben spontan 28
   Geben Sie sich Raum für Veränderung! 31
   Verpflichtung und Selbstliebe,
   was gibt es hier Gemeinsames? 33

II. SELBSTWERT 35
   Ohne Sie läuft gar nichts 36
   Treten Sie wertvoll auf – es ist gar nicht schwer! 42
   Die Sicherheit des »ICH bin« 50
   Solange Sie eine Rolle spielen, spielen Sie
   noch lange keine Rolle 61
   Wann waren Sie das letzte Mal so richtig
   stolz auf sich? 64
   Was ist aus Ihren Talenten geworden? 80

III. SELBSTVERTRAUEN 89
  Ihr Selbstvertrauen sitzt im Bauch 92
  Mein Schutzpanzer und ich 94
  Glaubenssätze machen uns das Leben
  schwer – oder leicht 98
  Nehmen Sie Raum ein, nicht nur **im** Raum … 103
  Schüchtern? Das war gestern! 109

IV. SELBSTKONTROLLE 117
  »Fremdeinwirkung« – auch bei mir? 118
  Die Welt der Gedanken 122
  Die Welt der Emotionen 123

V. SELBSTVERANTWORTUNG 149
  Arbeiten Sie aktiv an Ihrem Image 154
  Verändern Sie Gewohnheiten 163
  Ziehen Sie Grenzen 167
  So sagen Sie, wenn Ihnen etwas nicht passt! 175

  Schlussworte 183
  Anhang 185

Die fünf großen Selbst für ein glückliches Leben

Selbstliebe, Selbstwert, Selbstvertrauen, Selbstverantwortung, Selbstkontrolle – das sind die fünf Säulen für ein angenehmes, freudiges, von Sicherheit und Wohlgefühl begleitetes Leben. Sie sind miteinander verbunden und hängen voneinander ab.

Die gute Nachricht, die Sie vielleicht momentan gleichzeitig etwas verunsichert, ist, dass Sie ganz alleine alles dafür tun können, um »sich auf die Füße zu stellen« und Ihr Leben so zu leben, wie Sie es sich wünschen – ganz egal, wie die Umstände sind. Ganz egal, ob Sie sich bisher mit Selbstzweifeln herumgeschlagen oder noch nie so richtig getan haben, was Ihnen wichtig ist.

In diesem Buch werden Sie sich dieser fünf großen Selbst bewusst und wir arbeiten mit ganz simplen, aber effektiven Übungen daran.

Sie werden feststellen, dass Sie vieles bereits mitbringen. Und Sie sehen, wie einfach es sein wird, etwas zu positiv zu verstärken. Wichtig ist, an allen fünf Selbst dranzubleiben, denn wenn nur eines davon fehlt, fehlt IHNEN auch etwas. Fehlt es beispielsweise an Selbstvertrauen, kann es sein, dass Sie sich ständig unsicher fühlen, immer alles nachkontrollieren oder übergenau sind. Das ist nicht nur sehr kräftezehrend, sondern Sie schlagen sich auch andauernd mit der Sorge herum, etwas zu übersehen – dadurch wirken Sie angespannt und oft auch anstrengend auf Ihre Umwelt. Das zieht Kreise!

Oder gehen wir einen Schritt weiter: Sie haben kein großes Selbstvertrauen und nun wackelt plötzlich Ihr Job, die Kündigung ist schon greifbar. Wie geht es Ihnen dabei? Da fängt es doch schon im Bauch zum Grummeln an. Vielleicht spüren Sie auch den Magen und die Angst stellt sich ein.

Für einen Menschen mit genug Selbstvertrauen mag das auch ein Schlag in die Magengrube sein, doch er wird sich schnell erholen und Ausschau nach einem neuen Job halten. Sein Vertrauen, dass genug für alle da ist, hilft ihm hier weiter.

Wir widmen uns ausführlich allen fünf großen Selbst:

Im Kapitel 1 geht es um die Selbstliebe: Liebe dich selbst, das geflügelte Wort unserer Zeit.

Was verbirgt sich dahinter? Wie kann ich das lernen, wenn ich mich bis jetzt nicht lieben, oftmals leiden kann? Im ersten Kapitel werden wir diesem Phänomen auf den Grund gehen.

Kapitel 2 dreht sich um den Selbstwert: »Ich bin das doch gar nicht wert«, höre ich im Bekanntenkreis genauso wie in der Praxis. Warum ist es so schwer, ein Lob oder mal ein Geschenk anzunehmen? Sich selbst etwas wert zu sein belebt das Leben. In diesem Kapitel gibt es jede Menge Tipps, den Selbstwert aufzubauen.

Im Kapitel 3 wenden wir uns dem Selbstvertrauen zu: Selbstvertrauen ist das Geschenk, das wir alle auf diese Welt mitbrachten.

Die Erfahrungen unserer Kindheit, oft auch die Erfahrungen der Eltern, die wir übernehmen, lassen das Vertrauen schmelzen. Jetzt gilt es, wieder in dieses Selbstvertrauen einzutauchen.

Dann geht es weiter zur Selbstverantwortung in Kapitel 4: Selbstverantwortung – eines meiner absoluten Lieblingsthemen. Einer der wichtigsten Stützpunkte für ein selbstbestimmtes Leben. Verantwortung übernehmen fällt vielen Menschen schwer. Warum das so ist, lesen Sie in diesem Kapitel.

Und im 5. Kapitel sprechen wir über Selbstkontrolle: Selbstkontrolle – ein sehr zweischneidiges Schwert. Hier steckt schon das Wort »Kontrolle« drin. Es könnte sein, dass Sie ein richtiger »Kontrollfreak« sind und alles »unter Kontrolle« haben müssen. Oder Sie kontrollieren sich ständig selbst und sind nie mit sich zufrieden. Selbstkontrolle sinnvoll einzusetzen wird auch ein spannendes Thema sein.

All diese Punkte werden in diesem Ratgeber sehr genau behandelt. Sie bekommen viele Übungen, Selbst-Checks und Leitfragen an die Hand, denn es ist ein Buch, mit dem Sie unbedingt aktiv arbeiten sollten!

Die Antihascherl-Tipps sind brauchbare, erprobte Methoden, die großen fünf Selbst aufzubauen. Und nicht nur das, sondern auch unsere Gefühle und Eigenschaften genauer zu betrachten und sie »aus der eventuellen Schieflage« zu befreien.

Sie lernen, sich selbst zu erkennen, zu sehen, dass nichts unmöglich ist, dass es Gefühle gibt, die Sie überhaupt nicht wollen und die dennoch zu Ihnen gehören.

Ich werde Sie mit Beispielen führen, in denen Sie sich erkennen. Es wird Ihnen Mut geben zu sehen, »nicht nur mir geht es so«! Das Leben bietet ein breites Spektrum und jeder sucht sich heraus, was für ihn am besten ist.

Die Übungen sind leicht und verständlich und bringen wirklich sofort Wirkung.

Ich freu mich sehr, mit Ihnen zu gehen, Ihre und gleichzeitig meine großen fünf Selbst zu identifizieren und wo nötig zu polieren und erstrahlen zu lassen.

I.
SELBSTLIEBE

Eines der wichtigsten, wenn nicht das wichtigste der großen fünf Selbst ist die Selbstliebe.

Alles im Leben steht und fällt damit, wie wir zu uns stehen. Wenn unsere Liebe zu uns selbst in Ordnung ist, wenn wir uns annehmen können, wird unser Leben leichter. Und wir können dann auch andere annehmen. Wie wichtig das ist, haben Sie sicher schon bemerkt: Es gibt Tage, da fällt es Ihnen leicht, mit der Kritik der Arbeitskollegin umzugehen, und an anderen Tagen könnten sie doch glatt in die Luft gehen! Oder? Bei mir ist es zumindest so! Da bin ich dann wieder mal aus der Energie der Selbstliebe gefallen. Wahrscheinlich konnte ich mich schon am Morgen nicht in den Spiegel schauen und diese Stimmung tut der Selbstliebe natürlich gar nicht gut. Das merke ich dann sofort an der Stimmung der Arbeitskollegen, meist aber schon beim Frühstück mit meinem Mann. »Na, ist dir heute wieder mal eine Laus über die Leber gelaufen?« Man sieht, auch die anderen merken es!

Selbstliebe ist das Fundament, auf dem Sie sicher stehen können, mit dem Sie widerstandsfähiger werden und das Ihrer Ausstrahlung zu Gute kommt. Deshalb ist es wichtig, dass Selbstliebe zum großen Thema Ihres Lebens wird.

Sie sind einzigartig – Wissen Sie das auch?

Jeder Mensch ist so einzigartig, wie jede Schneeflocke einzigartig ist. Es gibt unter den Milliarden Schneeflocken keine zwei gleichen und es gibt unter den Milliarden Menschen keine zwei, die den gleichen Fingerabdruck haben. Das muss man sich einmal vorstellen!

Jeder Mensch ist einzigartig, ein Unikat, und Sie gehören dazu, ebenso wie ich! Ich habe ja in nächster Nähe erleben dürfen, dass ich zwar Zwillinge habe, die sich ähneln wie ein Ei dem anderen und doch grundverschieden sind. Unikate, wie sie im Buche stehen.

Wir Menschen sind ja wirklich ein bisschen komisch, wenn es um uns geht. Anstatt uns zu freuen, dass es uns nur einmal gibt, vergleichen wir ständig, was der andere, Nachbar, Freund, Schulkollege, besser kann als ich.

»Ich möchte auch so gut handarbeiten können wie die Josefa«, seufzt eine Freundin und vergisst dabei vollkommen, dass sie dafür Autofahren kann, was die Josefa nicht kann. Warum nur schaut sie nur auf das, was sie nicht kann? Anstatt sich darüber bewusst zu werden, was sie alles kann. Zum Beispiel ausgezeichnet kochen, die Buchhaltung führen, mit ihrer lustigen Art alles aufheitern, gut zuhören und gut sprechen, dichten ...

Einzigartigkeit hat mit Selbstliebe viel zu tun. Wenn ich erkenne, was mich ausmacht, wenn ich mich selbst mag, kann ich meine Einzigartigkeit nutzen, meine Stärken hervorheben und meine Identität finden.

Bei unseren Zwillingstöchtern beispielsweise ist eine die geborene Selbstständige, sie schafft es spielend, von jeder Veranstaltung einen Auftrag mit nach Hause zu bringen. Sie ist offen, spricht mit jedem und erzählt ohne jegliche Zurückhaltung, was sie macht. Sie erweckt Neugier und hat das Talent, immer und überall auf ihre Firma aufmerksam zu machen. Ihre unkomplizierte Art macht es ihr leicht, die Leute zu begeistern.

Die nur ein paar Minuten jüngere Schwester ist intellektueller, sie fühlt sich im geborgenen Rahmen als Angestellte wohler. Sie kann ebenfalls sehr gut mit Menschen umgehen, allerdings sollte sie sie schon kennen. Bei ihren Arbeitskollegen ist sie ob ihrer offenen, direkten Art sehr beliebt. Sie kümmert sich oft um ihre Mitmenschen in ihrem Umfeld mehr als um sich selbst. Sie hat die Genauigkeit ihres Vaters und das macht das Leben oft ein bisschen komplizierter. Sie und der Vater können dem »Schlendrian« vom Rest der Familie nicht viel abgewinnen.

Unsere Charaktereigenschaften machen uns einzigartig. Schon deshalb sollten wir sie lieben. Horst Krohne, Lebenslehrer und Seminarleiter, erzählte uns, dass es bis zu tausend Charaktereigenschaften gibt. Jeder Mensch kann ungefähr zweihundert bis zweihundertfünfzig davon leben. In jedem Menschen sind andere Charaktereigenschaften angelegt. So scheint es, dass einer meiner besten Freundinnen Pünktlichkeit nicht immanent ist. Sie hat dadurch einfach kein Gefühl dafür, pünktlich zu sein. Das kostet sie größte Mühe. Für sie ist es schon sehr pünktlich, zehn Minuten später zu kommen. Einen Menschen mit Sinn für Pünktlichkeit kann das rasend machen. Sie lacht nur dazu.

Es ist nun an ihr, diese Unpünktlichkeit als ihre Einzigartigkeit zu belassen oder sich zu ändern und pünktlicher zu werden. Es kann nur von ihr kommen. Mir ist ihre Freundschaft mehr wert als ihre Unpünktlichkeit. Ich weiß ja, dass in ihrem Leben eben andere Charaktereigenschaften wichtiger waren. Zum Beispiel zuhören und verschwiegen sein. Helfend und heilend eingreifen, lustig und großzügig sein. Das liebe ich alles an ihr.

Auch unser Körper drückt unsere Einzigartigkeit aus. Sind Sie schon einmal zwei vollkommen gleichen Menschen begegnet? Außer Zwillingen, die zwar oft gleich ausschauen, aber eben sehr wohl unterschiedlich sind. Es gibt sie nicht, die gleich ausschauenden Menschen. Es scheint nur so. Bei meinem Mann tragen seine buschigen Augenbrauen zu seiner Einzigartigkeit des Äußeren bei. Bei Ihnen sind es vielleicht die extrem langen Beine? Oder wieder beim Nächsten die dicken und dichten Haare?

Jeder hat seine charakterliche und körperliche Einzigartigkeit. Oft sehen wir das als Nachteil an, dabei ist es das, was uns aus der Menge hebt.

Übrigens: Es ist nicht entscheidend, ob ein Mensch irgendwelchen Schönheitsidealen entspricht, zumal Schönheit tatsächlich im Auge des Betrachters liegt, entscheidend ist die Ausstrahlung, das Charisma. Strahlt er oder nicht?

Haben Sie sich auch schon mal gefragt, warum manche Menschen so besonders gut ankommen? Manchmal ertappt man sich sogar dabei zu denken: »Er ist nicht schön, sogar ein bisschen zu dick und trotzdem ‚*geht die Sonne auf*‘, wenn er einen Raum betritt.« Sicher kennen Sie ebenfalls solche Menschen. Ich nenne diese Personen »Strahlemenschen«. Offensichtlich haben sie sich gefunden, sind mit sich im Einklang und das strahlen sie aus.

Nun ist das Sich-annehmen-Können, besonders wenn Sie vielleicht sogar etwas unzufrieden mit sich sind, gar nicht so leicht. Vorerst ein kleiner Tipp: Gehen Sie einmal mit offenen Augen durch die Einkaufstraßen und suchen Sie bei den Menschen deren Einzigartigkeit: Was fällt Ihnen auf? Ist es bei der Frau dort drüben die elegante Haltung und das gütige Gesicht? Ist es bei dem Mann die markante Nase oder die Denkerstirn? Und wie steht es mit der Gruppe Jugendlicher? Wie wirken unterschiedliche Verkäuferinnen auf Sie? Entdecken Sie bei den Menschen, denen Sie begegnen, deren Einzigartigkeit!

Strahlen Sie die Menschen an und bringen Sie damit das Licht in diesem Menschen zum Strahlen. Da gibt es wunderschöne Erlebnisse und das Menschenverständnis und auch die Liebe zu uns selbst wachsen dabei.

Jeder Mensch hat es in sich, ein Strahlemensch zu sein. Es muss uns nur bewusst werden.

Dieses Buch soll dazu dienen, einen Strahlemenschen aus Ihnen zu machen, wenn Sie es noch nicht sind. Wie zum Beispiel Marianne: »*Meine Einzigartigkeit??? Ich und einzigartig, da lachen ja die Hühner? Ja, wenn ich Claudia Schiffer wäre! Ich müsste mindestens 10 kg abnehmen, dann turnen gehen und außerdem ...*«

Marianne bleibt bei ihren »vermeintlichen« körperlichen Defiziten hängen. Sie vergleicht sich mit Schönheitsidealen aus den Medien, ist überkritisch und unzufrieden mit sich und wahrscheinlich wurde sie in dieser Hinsicht schon einmal gekränkt – darauf richtet sich nun ihre ganze Aufmerksamkeit, anstatt die sicherlich ebenso vorhandenen positiven Aspekte anzuschauen.

 ÜBUNG
Wie denken Sie über sich?

Nehmen Sie einen Stift und Zettel zur Hand und schreiben Sie spontan auf:

- ☐ Ja, ich bin einzigartig!
- ☐ Mit der Einzigartigkeit, weiß ich nicht so ... aber: Ich bin mit mir sehr zufrieden!
- ☐ Ich finde bei mir keine Einzigartigkeit.

Notieren Sie, was Ihnen besonders an Ihnen oder Ihrer Art gefällt!

- ☐ Ich bin nicht einzigartig wegen/weil ich:

  ....

  ....

  ....

- ☐ Ich bin einzigartig wegen/weil ich:

  ....

  ....

  ....

Fragen Sie sich auch: Wofür wurden Sie schon gelobt beziehungsweise wofür bekommen Sie immer wieder Komplimente?

Apropos Lob und Komplimente: Wie gehen Sie denn damit um? Wie oft sagen Sie »Geh, das ist doch nichts Besonderes?« oder stellen ein Lob in Frage?

ANTIHASCHERL-TIPP

Nehmen Sie Lob ab heute mit einem Lächeln dankend an. Freuen Sie sich und zeigen Sie das auch! Sie sind ein besonders pünktlicher Mensch? Freuen Sie sich darüber, das ist eine wunderbare Charaktereigenschaft und macht Sie zu einem besonderen Menschen. Sie können gut zuhören? Auch das gehört zu Ihrer Einzigartigkeit.

Genau, hier fangen Sie an, sich und Ihre Einzigartigkeit zu entdecken. Sie lernen, sich anzunehmen, sehen, was andere alles Positive an Ihnen wahrnehmen und geben nach und nach eine überkritische Haltung über sich auf.

Ich versichere Ihnen, auch Ihre Umwelt wird es merken und Sie anders behandeln. Sie erkennen sich dadurch selbst an und werden anerkannt. Jede Veränderung, egal ob im Außen oder gedanklich, hat eine Auswirkung.

Endlich – auch ich darf mich lieben!

Seine Einzigartigkeit zu erkennen ist das eine ... sich voll und ganz anzunehmen, hinter sich zu stehen und sich lieben zu können, das ganz andere.

»Ich habe an jeder Tür probiert, ob alles abgeschlossen ist. Ich habe überall nachgesehen, ob ich tatsächlich alleine im Haus bin. Am liebsten hätte ich auch noch unter das Bett geschaut. Mein Herz klopfte wie verrückt und ich hatte Gänsehaut. Man mag es kaum glauben, aber es war tatsächlich so. Und dann nahm ich meinen ganzen Mut zusammen. Vorsichtig stellte ich mich vor den Spiegel und dann endlich, im dritten Anlauf schaffte ich es: Ich schaute mich an und murmelte: »Monica, ich liebe dich!«

Diese Geschichte erzählt Monica Rigoni, Referentin und Mentaltrainerin aus der Schweiz, immer in unseren Seminaren und erntet von Herzen kommende Lacher.

Ja, es ist leicht, hier mitzulachen, obwohl ... ist es wirklich so einfach, sich vor den Spiegel zu stellen und sich anzunehmen? Mögen Sie sich am Morgen, verhutzelt und mit dicken Augen?

Oder mit zerzausten Haaren, die eine Haarwäsche schon dringend notwendig hätten? Ich nicht!

Würden Sie auch manchmal am liebsten den Spiegel zerhauen? Oder sich gar nicht mehr anschauen? Leider ändert sich nichts, wenn ich »den Spiegel frisiere«, sagt schon Christa Kössner über das Spiegelgesetz. ICH kann mich ändern, niemand anderer, wirklich niemand tut es für mich. Ich muss mir die Haare waschen, wenn sie mir nicht mehr gefallen. Ich muss mein Outfit verändern, kein anderer kann das für mich tun.

Fühlen Sie doch einmal hinein, wie geht es Ihnen bei dem Gedanken, vor dem Spiegel zu stehen? Überkommt Sie ein wohliges Rieseln oder fühlen Sie sich eher ausgeliefert? Oder gar voll Selbstmitleid, weil Sie ja für sich viel zu wenig Zeit haben. Wir alle gehen sehr achtsam mit unseren Kindern und unserer Umwelt um. Aber wie achtsam gehen wir mit uns selbst um?

Ich denke oft darüber nach, welch Wunderwerk mein Körper ist. Es ist nicht selbstverständlich, dass sich alle Finger bewegen lassen. Oder dass die Beine gleich lang sind und ich damit einfach aufrecht gehen kann. Dass sie jede Bodenunebenheit ausgleichen und funktionieren, wie ich es gerne mag. Unser Organismus steuert selbständig alle lebensnotwendigen Funktionen, ohne dass ich jemals darüber nachdenken muss. Einatmen, ausatmen, alles wird automatisch vom Körper übernommen. Das größte Wunder ist wohl das Herz, das Tag und Nacht für jeden Menschen schlägt. Es macht nie Urlaub, nie Pause. Wenn es nur dreimal aussetzen würde, würde das den Tod bedeuten. Haben Sie sich das auch schon einmal klargemacht, wie herrlich wir im Kosmos eingebettet sind?

Anstatt dafür dankbar zu sein, höre ich: »Die Pumpe macht es wohl auch nicht mehr lang«, oder »Dieses blöde Knie, hoffentlich bekomme ich bald ein neues!« Niemand denkt daran, dass er selbst – vielleicht durch schlampigen Lebenswandel und sehr negative Gedanken – zu dieser Situation beigetragen hat.

Haben Sie schon einmal liebevoll an Ihr Herz gedacht, mit dankbaren Gedanken, dass es Tag für Tag und Nacht für Nacht für Sie schlägt? Achten Sie einmal bewusst auf Ihren Herzschlag und seien Sie dankbar dafür. Achten Sie auch auf Ihre Bewegungen und die Klarheit Ihrer Augen.

Unser Körper reagiert auf alle unsere Gedanken und natürlich auch auf unsere Sünden der Ernährung.

SELBST-CHECK
Was gefällt mir besonders an mir?

Meine Haare, weil ....

Meine Stirn, weil ....

Mein Gesicht, weil ....

Meine Augen, weil ....

Meine Augenfarbe, weil ....

Meine Augenbrauen, weil ....

Meine Wangen, weil ....

Meine Ohren, weil ....

Meine Nase, weil ....

Mein Mund, weil ....

Meine Zähne, weil ....

Mein Kinn, weil ....

Mein Hals, weil ....

Meine Schultern, weil ....

Meine Brüste, weil ....

Meine Oberarme, weil ....

Meine Unterarme, weil ....

Meine Hände, weil ....

Meine Finger, weil ....

Meine Taille, weil ....

Mein Rücken, weil ....

Mein Bauch, weil ....

Mein Gesäß, weil ....

Meine Oberschenkel, weil ....

Meine Knie, weil ....

Meine Waden, weil ....

Meine Fesseln, weil ....

Meine Füße, weil ....

Meine Zehen, weil ....

Meine Haut, weil ....

»*Ohhhjee*,« lachte eine Klientin, »*was soll ich tun, alle meine Körperteile genau unter die Lupe nehmen? Wenn Sie wüssten, wie schnell ich mich am Morgen anziehe, damit ich genau das nicht tun muss!*« Sie lachte dabei aus vollem Hals. Ich würde das Galgenhumor nennen.

Sie ist sicher nicht die Einzige, der es so geht. Wie sollen wir uns lieben lernen, wenn wir uns nicht mal anschauen können? Was tun, wenn es Ihnen auch so geht?

💡 ANTIHASCHERL-TIPP

Eine Freundin hatte 126 kg, als sie zu mir kam. Sie wollte unbedingt abnehmen. Es war ein schweres Unterfangen, sie mit sich selbst in Verbindung zu bringen. Sie konnte sich beim besten Willen nicht anschauen. Doch sie MUSSTE sich anschauen, denn als Allererstes MUSSTE sie lernen, sich anzunehmen. Dazu schrieb sie Affirmationen. Das sind positiv ausgerichtete Sätze, die das Unterbewusstsein neu programmieren sollen.

Ihre Einzigartigkeit lag in ihrer Perfektion. Sie schrieb drei Wochen jeden Tag in ein kariertes Heft in jede Zeile in schönster Schrift: »Ich liebe mich und nehme mich an, so wie ich bin!« Zweihundert Mal am Tag. Sie schrieb einige Hefte voll und ich war starr vor Bewunderung ob der sorgfältigen Schrift und der Genauigkeit.

Und ... sie veränderte sich. Auf einmal kam ein Lächeln, die Lippen wurden rot geschminkt, eine neue Frisur. Es begann im Außen. Dann kam auf einmal die Lust an der Bewegung und schließlich »gesundes Essen«. Sie hat in einem Jahr 45 kg verloren. Und wurde täglich glücklicher. Nicht nur, weil sie Gewicht verlor, auch weil sie sich endlich annehmen konnte. Auch mit ihrem Gewicht.

Affirmationen sind eine Krücke, aber sie helfen. Sie helfen, um neue Gedanken zu produzieren. Trotzen Sie Ihren negativen Gedanken über sich selbst und schauen Sie sich im Spiegel an. Was ist schon dabei, wenn der Bauch ein bisschen rund ist oder die Knochen des Schlüsselbeins herausstehen?

Verlieben Sie sich in sich selbst!

Vielleicht ist es ganz neu für Sie, sich so genau zu betrachten. Sich einmal klar zu machen, wie schön der Fuß geformt ist, die Zehen, die alle gerade stehen. Das ist durchaus nicht die Regel. Wenn es nicht so ist, auch das anzunehmen und dankbar zu sein, dass Sie der Fuß trotzdem durch das Leben trägt.

Denken Sie über jeden Körperteil ausgiebig nach und stellen Sie eine Beziehung zu Ihrem Körper her. Seien Sie nicht zu streng und vergessen Sie Aussagen, die Sie irgendwann einmal gehört haben. Ich hörte immer wieder: »*Na, du hast ja echt ein gebärfreudiges Becken!*« Oder: »*Du wirst nie einen schönen Busen bekommen!*« Natürlich hat mich das sehr gekränkt. Heute weiß ich: Es ist die Meinung ANDERER, heute mache ich diese Aussagen nicht mehr zu meinen EIGENEN!!!

Betrachten Sie voller Liebe Ihre Augen und danken Sie ihnen, dass sie für Sie da sind und Sie gesund in die Welt blicken lassen. Lieben Sie Ihren Busen, auch wenn er nicht mehr die Spannkraft der jungen Jahre hat. Und danken Sie Ihrem Bauch, dass er schon so viel aushalten musste und trotzdem immer funktioniert.

So beginnt Selbstliebe, den eigenen Körper schön zu finden, zu ihm zu stehen und ihn anzunehmen.

Eine wirklich »runde« Kursteilnehmerin sagte zu mir: »*Ich freu mich so, dass mein Körper, obwohl viel zu schwer, mich alles machen lässt, was ich gerne tu! Dafür danke ich ihm jeden Tag!*« Mir hat es echt die Gänsehaut aufgezogen. Sie akzeptiert sich, wie sie ist, sie denkt nicht über Veränderungen nach. Sie ist bei sich! Sie findet sich in Ordnung, ich glaube, sogar schön.

Lernen Sie, wohlwollend auf sich selbst zu blicken. So lernen Sie es, sich schön zu finden und sich zu lieben.

Seien Sie ganz bei sich!

Sind Sie achtsam und in gutem Kontakt mit sich selbst? – Wie geht es mir, welche Gefühle durchströmen mich gerade? Bin ich mit mir im Einklang? Oder bin ich wütend? Auf mich selbst? Oder auf jemand anderen? Durch unsere Gefühle leben wir.

Gefühle machen das Leben erst zu dem, was es ist. Wir können uns freuen, erregen, weinen, hüpfen, neugierig sein, ehrgeizig unsere Ziele verfolgen. Optimistisch oder eben pessimistisch unser Leben gestalten. Energisch, ausdauernd, tollpatschig, fleißig, faul, misstrauisch oder vertrauensselig sein. Diese Gefühle machen das Leben bunt, abwechslungsreich und spannend.

Selbstliebe bedeutet, dass ich alles, wirklich alles an mir liebe. Dass ich mir meine Gefühle zugestehe und sie ernst nehme.

Wilma spricht nicht gerne über Gefühle. »*Gefühle? Über Gefühle nachzudenken hab ich keine Zeit. Am liebsten ist es mir, wenn ich bis 21 Uhr arbeiten kann, noch ein bisschen fernsehen und dann ab ins Bett! Für Gefühle bleibt da keine Zeit!*«

Warum wohl denkt Wilma nicht über ihre Gefühle nach? Hat sie Angst, dass Gefühle hochkommen, die sie überhaupt nicht anschauen möchte? Hat sie sich eine Scheinwelt errichtet, die einstürzen könnte, wenn sie die wahren Gefühle anschaut? Was könnte schlimmstenfalls passieren? Sie würde mit der Wahrheit und damit auch mit ihren Ängsten konfrontiert. Dass sie sich eingestehen müsste: Schein und Sein sind zwei Paar Schuhe.

Vielleicht kommt sie drauf, dass sie an ihrem Leben vorbeilebt? Dass sie nur anderen gerecht werden will, um anerkannt zu werden? »*Ja*«, gibt sie zu, »*ich brauche immer die Bestätigung, dass ich alles richtig mache, und ich bin nie mit mir zufrieden!*«

Manchmal hilft uns auch eine etwas andere Sichtweise. Wenn Sie gläubig sind, habe ich einen wirkungsvollen Aha-Effekt für Sie. Horst Krohne erstaunte einmal einen Seminarteilnehmer, der ebenfalls niemals mit sich zufrieden war. Er fragte ihn direkt, ob er gläubig sei. »Ja, natürlich!«, meinte der Teilnehmer ganz erstaunt. »Dann ist alles, was Sie mir mit Ihrer Unzufriedenheit mit sich selbst erzählen, Gotteslästerung. Merken Sie nicht, dass Sie mit Ihrer Unzufriedenheit die Schöpfung kritisieren? Sie sind ein Kind Gottes und genau richtig, so wie Sie sind! Nehmen Sie das an und erwarten Sie nicht ständig viel zu viel von sich!« Er war richtig streng. Es hat auch alle anderen Kursteilnehmer sehr zum Nachdenken angeregt.

Wieder ein Beispiel, wie wichtig die Liebe zu uns selbst ist.

Gefühle steuern unser Leben. Auf Dauer hilft es nichts, Gefühle mit Arbeit zu übertünchen oder einfach zu unterdrücken. Gefühle brechen genau dann durch, wenn es womöglich überhaupt nicht passt. Dann reicht ein nicht geleerter Müllsack, um eine Familienkrise auszulösen.

ÜBUNG
Welche Gefühle »beherrschen« eigentlich Ihr Leben?

Die nachfolgende Liste ganz vielfältiger Gefühle hilft Ihnen dabei, Ihren Gefühlen näher auf die Spur zu kommen. Sie können sie für einen Sofort-Check nützen und sich fragen: Wenn ich jetzt in mich reinfühle, was spüre ich jetzt, in diesem Moment? Sie können damit aber auch eruieren, welche Gefühle sehr dominant sind und damit Ihr Leben richtiggehend beherrschen. Bitte kreuzen Sie an, wo Sie sich jeweils einordnen:

ICH FÜHLE MICH ...

☺	☺	☹	☹		
voller Energie					energie- und kraftlos
glücklich					unglücklich
frei					eingesperrt
entspannt					angespannt
ruhig					nervös
lustvoll					distanziert
extrovertiert					schüchtern
überschäumend jauchzend					bedrückt
die ganze Welt umarmend					zurückgezogen
voller Liebe					hassend
lustig					grantig
freudig					traurig
hübsch					hässlich
mutig					ängstlich
ausgeglichen					wütend/zornig
»alles im Griff«					überfordert
liebevoll					verletzt
gut eingebunden					einsam
romantisch					enttäuscht
neugierig					mulmig
klar					zwiespältig
wohlig					erschauernd
menschlich					erbärmlich
aufgeregt					zittrig
mutig					gedemütigt
auf gute Weise »gebraucht«					ausgenützt
wahrgenommen					nicht wahrgenommen
machtvoll					machtlos
selbstliebend					voll Selbstmitleid
stark					schwach
unschuldig					schuldig
vertrauend					misstrauisch
sicher					unsicher
					ausgeliefert
					unterdrückt
					verwirrt

Ist es nicht interessant, einmal so genau hinzusehen – und Schwarz auf Weiß zu sehen, wie Sie sich einschätzen. Haben Sie vielleicht sogar eine klare Tendenz auf der positiven Seite oder sind Sie – momentan noch! – von eher negativen Gefühlen überschwemmt?

Nehmen Sie Ihre Einschätzung einfach nur einmal wahr. Bewerten Sie weder die Übung noch sich selbst. Spüren Sie, wie schön es ist, dass Sie die Aufmerksamkeit endlich einmal voll und ganz auf sich selbst richten. Freuen Sie sich, dass Sie eine ehrliche Bestandsaufnahme machen, und werden Sie sich der Ergebnisse einfach erst einmal bewusst. Das sind momentan Ihre Gefühle. Diese beeinflussen zum jetzigen Zeitpunkt, wie es Ihnen geht, wie gut Sie mit sich im Einklang sind, wie widerstandsfähig und selbstbestimmt Sie Ihr Leben leben.

💡 ANTIHASCHERL-TIPP

Was mache ich nun, wenn ich meine Gefühle »entdeckt« habe? Als Erstes sollten Sie sich freuen, dass Sie einmal so richtig in sich hineinfühlten.

Zweitens begrüßen Sie dieses Gefühl und geben ihm Raum. Egal, ob es sich für Sie schlecht oder gut anfühlt. Wie gesagt: Nicht bewerten! Das Gefühl ist da und das ist im Augenblick genug. Zum Beispiel: Ich bin momentan traurig! »Okay, ich BIN momentan traurig und es ist gut so.« Kein: »Oh Gott, ich bin traurig, das darf doch nicht sein!« Jetzt darf es sein. Schließen Sie die Augen und fühlen Sie weiter hinein: »War ich schon mal so traurig? Wann war das? Und vielleicht auch, warum war ich so traurig? Ist dieser Punkt noch relevant?« Sie entscheiden, ob diese Traurigkeit weiter Platz haben darf oder ob Sie sie loslassen möchten.

Wenn Sie sich von dieser Traurigkeit verabschieden möchten, ist eine Möglichkeit, alles aufzuschreiben, was auf der Seele lastet, und dann diesen Zettel feierlich zu verbrennen. Eine weitere Möglichkeit ist, diese Traurigkeit in Gottes Hände zu legen, wenn Sie gläubig sind.

Vielleicht fühlten Sie reine Freude? Viele Menschen trauen sich nicht, diese reine Freude einfach rauszulassen. Geben Sie dieser

Freude Raum. Zeigen Sie diese Freude. Rufen Sie eine Freundin an und sagen Sie ihr: »Ich muss dich anrufen, denn ich hab momentan sooo eine Freude in mir, ich muss sie mit dir teilen!« Singen und tanzen Sie durch die Wohnung, tun Sie, wonach Ihnen gerade zumute ist.

Gefühle und Beziehung
»Mit meinem Mann rede ich über Gott und die Welt, nur nicht, wie es uns beiden geht«, klagt eine Klientin und damit ist sie beileibe nicht die Einzige.

Ich glaube nicht, dass nur Männer ein Problem haben, Gefühle anzusprechen. Lieber wird geschwiegen und die beleidigte Leberwurst gespielt, als zuzugeben, dass man sich momentan sehr verletzt fühlt. Aus eigener Erfahrung kann ich sagen, auch ich brachte meinen Mund einfach nicht auf, wenn ich mich beleidigt fühlte.

Ich musste lernen, zu meinen Gefühlen zu stehen. Einfach einzugestehen: »Momentan fühle ich mich sehr verletzt oder richtig wütend« oder auch »Du machst mich echt glücklich.«

Das liest sich hier ganz leicht, ist aber für die meisten eine neue Erfahrung. Es ist viel leichter, beleidigt abzuziehen und runterzuschlucken, als zu sagen, dass es sehr weh tut, was da gerade läuft.

Kennen Sie das? Sie kommen ganz glücklich heim, überschäumend, weil Ihnen etwas super gelungen ist, und fangen gleich zu erzählen an. Doch der liebe Mann schaut kaum von seiner Zeitung auf und brummt vielleicht ein »Ja, eh schön!« Könnte man da nicht in die Luft gehen? Wie fühlen Sie sich in so einer Situation? Ich habe mich früher immer zurückgezogen, mit dem Gefühl: »Ich bin ihm ja gar nichts wert.« Heute kann ich es annehmen oder ich sage wirklich, wie ich mich fühle: »Ehrlich, ich fühle mich ein bisschen einsam neben dir. Ich hab mich so gefreut, meinen Erfolg mit dir zu teilen!«

Es ist am Anfang gewöhnungsbedürftig, so offen die Gefühle auszusprechen, aber es ist sehr beziehungsfreundlich. Hören Sie auf Ihr Herz, es weiß immer, was zu tun ist. Wir alle, und ich nehme mich nicht aus, übergehen unser Herz und Bauchgefühl oft mit richtiger Raffinesse.

Je mehr wir uns lieben, je mehr wir uns annehmen, umso besser schaffen wir es, richtig zu reagieren und das Licht in uns leuchten zu lassen. Dann stimmt auch die Energie und alles läuft harmonisch.

Fangen Sie an, das Licht in Ihnen zu aktivieren und hell erstrahlen zu lassen.

Sie sind der Star in Ihrem Leben

Vielleicht wissen Sie es noch nicht oder Sie glauben es nicht, aber Sie sind der Star in Ihrem Leben. Sie steuern Ihr Leben, Sie entscheiden, was passiert.

Bei Ihnen ist es noch nicht so? Wird über Sie bestimmt? Hat immer jemand Arbeit für Sie? Und Sie tun sich schwer beim »NEIN sagen«? Ärgern Sie sich nicht, mir geht es nicht anders.

Ich glaube, den Star in uns zu entdecken ist eine lebenslange Aufgabe. Aber es macht Spaß, die kleinen Schritte nach vorne, die ich bei mir schon sehe, zu beobachten. Und es spornt zum Weitermachen an.

»Immer komme ich als Letzte dran!«

»Alle sind wichtiger als ich, ich muss alles richten, nur für mich richtet niemand was!« Könnten das Sie gesagt haben? Viele Mütter und auch Frauen im Beruf haben das Gefühl, dass ihnen zu viel aufgelastet wird. Manchmal können sie es echt nicht mehr ertragen und reagieren mit Schulterschmerzen. Die Last wird den Schultern einfach zu schwer. Oft reagiert auch die Schilddrüse.

Nervosität und Gereiztheit liegen dann zum Greifen in der Luft. Und niemand weiß recht, was eigentlich geschehen ist. Was hat sie nur, unsere Mutter?

Es ist zu viel, nur – sie sagt es nicht. Obwohl der Körper schon eine deutliche Sprache spricht.

Die Schuld nun den anderen zuzuschieben ist hier der falsche Weg.

Wie auch Georgina glaubte. Sie war immer ein bisschen mollig und nun treffe ich sie auf einmal ganz schlank. *»Ja, was ist mit dir passiert, du bist ja auf einmal so schlank?«* »Ja, das ist der angenehme Nebeneffekt meiner überreizten Schilddrüse«, meinte sie. Die Schilddrüse reagiert auf Stress und das Gefühl »Alles lastet auf mir, ich komm nie mehr an die Reihe«. »Ja«, bestätigt sie, *»genauso ist es. Ich komm wirklich viel zu kurz. Zwei Kinder, arbeiten gehen, Haus bauen, einfach für alles zuständig sein, ich kann schon nicht mehr!«*

Ein paar Tage später treffe ich Georgina wieder und meine so nebenher, es müsse doch gut sein zu erkennen, was die Schilddrüse so belaste. Sie strahlt mich an und meint: *»Ja, ich habe es meinem Mann schon gesagt!«* Ohje, das ist nicht der Weg. Der Mann kann gar nichts dafür, dass Georgina überbelastet ist. Das ist sie ganz alleine. SIE hat nicht NEIN gesagt, als es zu viel wurde. Wahrscheinlich hat sie es hunderte Male gedacht, aber immer gewartet, dass es endlich jemand SIEHT. Aber die Umwelt sieht es leider nicht. Die Frauen selbst müssen den Mut und die Kraft aufbringen zu sagen: »Ich kann nicht mehr und ich WILL auch nicht mehr! Ich brauche eine Pause!«

Das hat nicht das Geringste mit Schwäche zu tun, es ist Stärke, wenn ich es schaffe, meine Bedürfnisse laut zu deklarieren. Wieder einmal zu meinen Gefühlen zu stehen und damit der Liebe zu mir Raum zu geben.

💡 ANTIHASCHERL-TIPP

Achten Sie auf Ihre Gefühle und sprechen Sie über Ihre Gefühle. Auch wenn es Ihnen am Anfang ganz, ganz schwer fällt und sie immer wieder abbrechen. Machen Sie es, es tut der Beziehung, egal zu wem, einfach gut zu sagen, was Sache ist. Vermeiden Sie DU-Sätze, wie »Du verletzt mich immer!« Formulieren Sie: »ICH fühle mich verletzt … unterlegen … nicht ernst genommen … unglücklich … unterdrückt …« Seien Sie so ehrlich wie möglich. Und bitte bleiben Sie ruhig. Spielen Sie nicht das trotzige Kind.

Werden Sie sich bewusst, ich bin ein gleichwertiger Partner, egal, wer mir gegenübersteht.

Fangen Sie an, auf Ihre Gefühle zu achten. Vielleicht schreiben Sie sogar ein Gefühlstagebuch.

Notieren Sie sich eine Liste mit allen Gefühlen, die Ihnen einfallen. Und beobachten Sie, welche Gefühle herrschen vor. Sind Sie oft aufgeregt oder angeregt? Sind Sie oft lustig oder mehr melancholisch? Ärgern Sie sich oft oder schmollen Sie?

Es ist sehr spannend, kurze Aufzeichnungen zu machen.

Zum Beispiel: Heute war ich auf meine Freundin Luise kurz neidisch.

Oder: Herr: B. hat mich im Betrieb heute rasend gemacht!

Mein Freund war heute reizend zu mir.

So lernen Sie Ihre Gefühlswelt kennen!

Lieben und achten Sie Ihre Gefühle, und zwar alle, egal ob Sie sie positiv oder nicht so gut einstufen. Alle Gefühle haben Platz in uns. Wir entscheiden, was gut tut und was zu ändern ist.

Genießen Sie das Leben spontan

Selbstliebe heißt natürlich auch, kontinuierlich etwas für sich selbst zu tun und genießen zu lernen. Etwas für sich selbst zu tun – Hand aufs Herz – das fällt doch gerade uns Frauen besonders schwer. Frauen haben nicht gelernt, für sich selbst etwas zu tun. Zuerst kommt die Familie, dann noch alle Arbeit, die es gibt, und dann vielleicht ... wir Frauen.

Mein Mann spielt seit fast zwei Jahren Golf. Ich würde fast sagen exzessiv! Und was mache ich? Ich bin meist zu Hause mit der üblichen Arbeit und warte, wann das Essen am Tisch stehen soll. Das verlangt niemand von mir. Im Gegenteil – mein Mann fragt immer, was ich unternommen hätte. Es stünden mir alle Möglichkeiten offen. Radfahren, Bergwandern, Schwimmen, Besuche machen, nein, irgendein kleines Männchen sitzt wohl in meinem Hinterkopf, das mir immer wieder zuflüstert: Das gehört sich nicht. Einfach an Wochentagen nichts zu tun oder noch schlechter, aus einem Wochentag einen Sonntag zu machen.

Für meine Außenwelt scheine ich eine Rebellin zu sein. Das stimmt auch, solange es um meine Karriere geht. Da setze ich mich absolut durch. Aber einmal nur tun, wonach mir gerade ist? Nämlich nichts – in den Augen der Gesellschaft? Das muss ich erst lernen. Und ich glaube, so geht es vielen Frauen. Ihnen auch?

Es hat aber viel mit Selbstliebe zu tun, wenn Sie sich »geheime« Wünsche erfüllen. Kleine Wünsche, aber doch Wünsche, an die Sie schon oft dachten, aber nie wagten, sie auch zu verwirklichen.

ÜBUNG
Finden Sie heraus, was Ihnen wirklich guttut.

Vielleicht ist es ein Waldspaziergang? Für jemand anderen ist wieder eine Shoppingtour das Non-plus-Ultra! Oder ein Theaterbesuch.

Was wollten Sie immer schon tun? Machen Sie sich in aller Ruhe darüber Gedanken.

Es ist wichtig, an sich zu denken und sich etwas zu gönnen, das das Herz höher schlagen lässt und das unsere Freude erweckt.

Machen Sie spontan einen Ausflug – einfach so! Kribbelt es da ein bisschen in der Magengegend? Einfach so? Wenn mich da die Nachbarn sehen? Was denkt sich meine Mutter? Die sollte ich ja auch schon lange besuchen! Und außerdem gehören die Betten bezogen und der Tiefkühler abgetaut ...

Trauen Sie sich – oder doch nicht? Springen Sie über Ihren eigenen Schatten und raus in die Natur.

Werfen Sie die Bedenken über Bord! TUN Sie es, genießen Sie es.

Sagen Sie sich immer wieder: »Es steht mir zu und ich tue es!«

Überraschen Sie jemanden mit Kaffee und Kuchen, den Sie gleich mitbringen. Der 87-jährigen Freundin meiner Schwiegermutter habe ich diese Überraschung bereitet. Sie war ganz zittrig und konfus, weil ja sie die Gastgeberin wäre! »*Und ich muss gar keinen Kaffee kochen?*« Nein, er war schon in der Thermos-Kanne. Mir wurde ganz warm ums Herz und die Freude war auf beiden Seiten groß.

Eine Bekannte von mir sagte schon vor Jahrzehnten, ihre Freundinnen können sie gerne jederzeit besuchen, wenn sie ihr eigenes Kaffeehäferl mitbringen. Sie spielt gerne mit ihnen Karten, aber den Abwasch mag sie nicht. Das finde ich einfach wunderbar, dass eine Frau in den Sechzigerjahren schon so selbstbewusst war.

Die ganze Nachbarschaft amüsierte sich, als sie meine elf Damen unserer Strickrunde nach einem Besuch bei mir bei fast jedem Fenster putzen sahen. Jede der Damen säuberte das Fenster IHRES Zimmers, in dem sie geschlafen hatte. Für mich eine große Entlastung, für die Damen eine neue Erfahrung, wie es auch gehen kann, und lustig war es obendrein.

Wann waren Sie das letzte Mal ohne Hast für sich selbst shoppen? Eine junge Bäuerin mit damals vier Kindern, es kamen dann noch zwei dazu, kaufte in aller Ruhe um die Mittagszeit in unserem damaligen Geschäft ein. Eine Bäuerin mit vier Kindern? Musste sie nicht kochen? Wo waren die Kinder? Auf unsere Frage antwortete sie ganz gelassen: »*Ich habe mir beim Heiraten ausgemacht, dass ein Tag im Monat nur mir gehört, ohne Kinder, ohne Kochen, ohne Stallarbeit!*« Ich glaube, wir alle waren echt von den Socken! Sie lächelte und ließ sich überhaupt nicht aus der Ruhe bringen. Ein Vorbild!

Nehmen Sie sich genug Zeit für sich?
Es gibt unzählige Möglichkeiten, die Liebe zu sich selbst zu leben. Und sei es nur eine große Portion Eis, die ich mir gönne, oder ein Kinobesuch alleine oder mit einer Freundin.

Werden Sie kreativ und verwöhnen Sie sich!

ANTIHASCHERL-TIPP
Schreiben Sie in Ihren Terminkalender jede Woche mindestens zwei Stunden Freizeit für sich ein. Das geht auch, wenn Sie Kinder haben! Suchen Sie sich jemanden, der Ihnen die Kinder stundenweise abnimmt. Machen Sie »Kindertauschstunden« mit Freundinnen. Die Freundin nimmt Ihre Kinder für zwei Stunden am Freitag, dafür nehmen Sie ihre am Dienstag.

Geben Sie sich Raum für Veränderung!

Sonja arbeitet in einem Großraumbüro, jeden Tag dieselbe monotone Arbeit. Sie ist unglücklich. Sie könnte mehr. Sie möchte auch mehr geben. Die starren Konzernstrukturen schmettern ihre guten Ideen ab. Das macht sie mürbe. Sie zweifelt, ob sie überhaupt in der richtigen Branche arbeitet. Ein gesundheitsbetonter Beruf steht auch auf der Wunschliste. Doch es geschieht nichts. Bei jedem Treffen die gleichen Klagen.

Warum verändert sie nichts, wenn es ihr schon so lange zu eintönig ist?

Weil ihre Eltern entsetzt sind, wenn sie diesen guten Job aufs Spiel setzt? Weil Sonja nicht weiß, wie lange es dauert, dass sie neu Fuß fasst? Und wo kommt dann das Geld her? Die Angst vor Veränderung und der damit verbundenen Unsicherheit hindert sie. Vielleicht verdient sie dann weniger? Vielleicht muss sie dann mehr tun? Vielleicht gefällt es ihr dann doch nicht?

Ihre »Eintönigkeit« kennt sie, sie weiß, am Ersten jedes Monats bekommt sie ihr Gehalt, mit dem sie auskommt. Es ist nicht leicht, sich aus Gewohntem zu lösen. Es gehört eine Portion Mut dazu, neue Ufer anzuvisieren.

Sonja sollte in Ruhe in sich hineinfühlen. Wie fühlt es sich an, wenn ich mir das Neue vorstelle? Sie sollte sich vorstellen, ich erlebe einen Tag in diesem neuen Beruf. Wie geht es mir dabei, welche Gefühle stellen sich ein?

Hier hilft echt nur, über den eigenen Schatten zu springen. Einfach etwas Neues ausprobieren. Niemand muss heute sein Leben lang an einer Stelle bleiben. Gefällt es ihr an einer Stelle nicht, na, dann wird halt wieder Neues versucht. Ich selbst habe auch schon drei Mal absolut neue Richtungen eingeschlagen.

ANTIHASCHERL-TIPP

Schreiben Sie Ihre Berufswünsche auf, und zwar alle, die Sie je gehegt haben. Denken Sie großzügig und erinnern Sie sich auch an die Wünsche, die Sie in Ihrer Jugend schon hatten.

Dann vergeben Sie Punkte, welche am wichtigsten sind, am zweitwichtigsten ...

Anschließend visualisieren Sie, sie haben die Stelle schon, Sie sehen Ihre neuen Kollegen ...

Sie stellen sich alles möglichst genau vor. Und zwar mit Gefühlen. Wie fühlt es sich an als Möbelberaterin? Stellen Sie sich die Kundenberatungsgespräche bildhaft vor. Sie sehen schon, wie ein junges Paar Möbeln aussucht und Sie ganz dankbar ansieht, weil Sie so gut beraten.

Wie geht es Ihnen dabei? Genauso machen Sie es für jeden anderen Beruf.

Sie schreiben eine super Bewerbung. Holen Sie sich notfalls professionelle Hilfe!

Genauere Tipps für dieses Thema finden Sie auch im Kapitel drei (ab Seite 89).

Nun mag eine junge Mutter sagen, ja, im Beruf lässt sich das ganz leicht machen. Aber was tue ich? Ich hab nur meine kleinen Kinder als Ansprache den lieben langen Tag. Ich kann mich ja gar nicht verändern. Da hat sie natürlich vollkommen recht. Jungfamilien gehen freiwillige Verpflichtungen ein. Sie gründen bewusst eine Familie, die sicher ein paar Jahre ihr Lebensmittelpunkt sein wird und muss. Das haben sie bewusst gewählt mit den dazugehörigen Konsequenzen.

Aber denken Sie nicht, dass damit das ganze Leben nur mehr diesen »Projekten« gehört. Viele glauben es kaum, doch es gibt auch noch ein Leben neben der Familie. Es gibt Hobbys und viele andere Interessen, die auch in einem Leben mit Familie noch Platz finden. Wenn ich es möchte und es richtig kommunizieren kann.

Eine junge Frau, zwei Kinder, bietet neben der Familie Schwimm- und Skikurse an. Dazu macht sie regelmäßig Weiterbildung, die ihr beim beruflichen Wiedereinstieg hilft. Natürlich bedeutet das organisieren, Eltern bitten, auf die Kinder zu schauen, und sich trauen zu sagen, »Das möchte ich gern tun«.

Es hat mit der Liebe zu mir zu tun, wenn ich meine Wünsche äußere und tue, was mir neben den täglichen Verpflichtungen Spaß macht. Nur, das macht fast niemand. Warum eigentlich?

Trauen Sie sich, Ihre Wünsche einfach laut zu sagen? Oder hat das wieder mal mit dem berühmten »Selbstwert« zu tun? Im Kapitel zwei (ab Seite 35) erfahren Sie, warum gerade Frauen es sich nicht »wert« sind, ihre Wünsche zu äußern.

Verpflichtungen und Selbstliebe, was gibt es hier Gemeinsames?

Eine sehr gute Freundin ist immer top gestylt. Die lockigen Haare fallen den Rücken hinunter. Die Figur ist, seit sie achtzehn ist, unverändert. Der Tisch ist immer dekoriert. Kerzen und Blumen harmonisch arrangiert. Das ganze Haus ein Schmuckkasterl, von den mit Rosen geblümten Fliesen im WC bis zu den in den Sand gelegten Blumenbeeten im Garten. Die Kinder wissen, »was sich gehört«, und alle sollen sehen, was sie alles kann. Sie verausgabt sich total – egal ob bei privaten Einladungen oder in der Pfarre. Ständig haben die Pfarrer Aufgaben in der Kirche für sie. Sie opfert sehr viel Freizeit, um ja alles richtig zu machen. Warum tut sie das wohl? Sie will es allen recht machen, dass jeder sieht, »wie gut« sie doch ist. Sie braucht die Bestätigung. »Ja, du bist gut, wir lieben dich.« Sie braucht diese Anerkennung wie die Luft zum Atmen. Die Verpflichtungen, die sie übernimmt, werden immer mehr, die Familie kommt schon fast zu kurz, aber das nimmt sie in Kauf, um zu hören: »Niemand kann das so gut wie du!«

Sie sucht die Liebe im Außen, orientiert sich nur, was die anderen sagen könnten .... Und verliert sich dabei selbst. Egal, wann immer wir telefonieren, sie hat immer etwas für ... gemacht und getan.

Ich habe sie gefragt, wann war der letzte Ausflug mit der Familie? »Na, um Gottes Willen, dafür hab ich keine Zeit, ich muss doch noch ...!«

Kein Einzelfall! Es ist doch zu schön, wenn wir gelobt und anerkannt werden. Doch es kann zur Sucht werden und in einem Helfersyndrom enden. Solange wir uns nicht selbst lieben und anerkennen, wird diese Sucht nicht zu heilen sein. Das Buch von Louise L. Hay »Gesundheit für Körper und Seele« handelt zur Gänze nur von diesem Thema.

ANTIHASCHERL-TIPP

Finden Sie sich in dieser Geschichte? Ist es bei Ihnen eine Nachbarin? Eine Freundin, die Schule Ihrer Kinder oder Arbeitskollegen? Finden Sie heraus, von wem oder wo lassen Sie sich ausnützen?

Wo gehen Sie zu viele Verpflichtungen ein? Welche Vereinstätigkeit ist nur mehr Last und keine Freude mehr? Welche Verpflichtungen können Sie lassen, EGAL was die anderen denken!

Fühlen Sie in sich hinein: »Warum tue ich das?«

Finden Sie heraus: »Was ist mir wirklich wichtig?«

Affirmieren Sie: Ich bin mir wichtig, ich liebe und akzeptiere mich!

Oder: Ich bin richtig, auch wenn ich nicht perfekt bin!

Kurzer Zwischenstopp! Wie geht es Ihnen? Haben Sie bis jetzt nur gelesen oder auch schon einige Übungen ausprobiert? Ganz wichtig finde ich, dass Sie wirklich in sich hineinhören und auf Ihre Gefühle achten. Dazu die Affirmationen, die Sie am besten ansprechen. Ich garantiere Ihnen, es tut Ihnen gut und es verändert Sie und Ihr Umfeld zum Positiven.

II.

SELBSTWERT

Eine weitere der fünf Säulen, die unser Leben stark mitbestimmen, ist der Selbstwert. Selbst und Wert sagen schon viel aus. Welchen Wert haben Dinge für mich? Dabei geht es nicht nur um Materielles:

- Welchen (Stellen)Wert habe ich in meinem Leben?
- Welchen Wert habe ich in der Familie?
- Welchen Selbstwert lebe ich in der Gesellschaft?

Ja, Sie haben richtig gehört: zu leben. Denn sich seines Wertes bewusst zu sein, ist das eine. Ihn auch selbstbewusst und authentisch zu leben, das andere.

Immer wieder erlebe ich Menschen, die »alles« tun würden, um im Außen wertvoll zu erscheinen. Die einen achten sehr auf ihre persönliche Erscheinung, legen Wert auf Statusobjekte – wie Designerkleidung oder ein teures Auto. Für die anderen ist eine stets makellos aufgeräumte Wohnung wichtig oder ihren Mitmenschen um jeden Preis zu gefallen. Ich glaube, dass wir alle die Tendenz gefallen zu wollen, in uns haben. Doch wir dürfen uns davon nicht beherrschen lassen. In diesem spannenden Kapitel werden Sie Ihren Selbstwert bestimmen. Ich stelle Ihnen wieder einige wichtige Fragen: Bitte machen Sie mit! Es lohnt sich wirklich, wieder selbstbewusster und wertvoller durch das Leben zu gehen.

Ohne Sie läuft gar nichts

Die Überschrift »Ohne Sie läuft gar nichts« ist doppeldeutig: Einerseits zeigt sie, wie wichtig Sie sind und wie sehr Ihr Umfeld auf Sie baut und Sie braucht. Andererseits ist genau das auch eine hinderliche Falle. Denn häufig glauben besonders unsichere Frauen, dass sie alles tun und regeln und immer für alle da sein müssten. Immer parat. Immer funktionieren.

Was denken Sie von sich: Glauben Sie, dass Sie ein wertvoller Mensch sind? Und wenn Sie es glauben: Sind Sie wertvoll für sich oder für andere?

Alleine bei dieser Frage könnte man schon Herzrasen bekommen, oder? Hier ist schonungslose Ehrlichkeit gefragt. Es kann sein, dass es Ihnen wehtut, so genau hinschauen zu müssen. Mir ging es ganz genauso! Von Herzklopfen, Bauchweh bis echte »Ich will einfach nicht!«-Widerstandsgefühle habe ich alles erlebt, als ich mich diesen Fragen zum ersten Mal stellte.

Ja, war mein Leben wirklich so verkehrt? Warum soll ich nicht für andere da sein? Und da liegt schon die erste Falle! Sie DÜRFEN ja für andere da sein, aber FÜR SICH auch!

Manchmal ist es ziemlich schwierig, diese Grenze zu ziehen. Wann bekommt das »Für andere« das Übergewicht? Und genau dem gehen Sie jetzt auf den Grund. Bevor wir uns den anderen und den Rollen, die Sie innehaben, näher zuwenden, stellen Sie sich selbst ins Rampenlicht.

So (er)kennen Sie Ihren Wert!

Selbstwert macht sicher. Selbstwert und Selbstsicherheit sind Geschwister. Das eine ist ohne das andere nicht möglich. Je mehr Sie sich Ihres Selbstwertes bewusst sind, desto mehr steigt automatisch Ihre Selbstsicherheit!

Selbstwert bedeutet, ich stehe zu mir, egal was kommt. Ich bin mir meines Wertes bewusst.

Egal ob die Frisur passt oder meine Figur sich verändert hat. Egal ob der Nachbar über Ihr bescheidenes Gärtchen lästert oder sich über Ihr zwanzig Jahre altes Auto mokiert. Na und? Ihnen gefällt es so. Sie erkennen Ihren Wert, unabhängig von Äußerlichkeiten. Selbstwert bedeutet Gelassenheit. Wissen, ich bin richtig so, wie ich bin. Sich seines Wertes bewusst sein macht es leicht, auch andere so anzunehmen, wie sie sind.

»Meine Güte, meine Freundin ist sich ja gar nichts wert!«, erzählt Hannelore, *»sie tut alles, um nur ja gut da zu stehen und in den Augen der anderen wertvoll zu sein!«* In diese Falle tappen wir alle immer wieder. Sind wir doch einmal ehrlich: Wer von uns möchte nicht gut vor anderen dastehen? Das tut doch einfach gut! Nur, solange Sie sich dafür aufgeben und Ihre wahren Gefühle verleugnen, stimmt Ihr Selbstwert nicht. Wahre Anerkennung finden Sie, wenn Sie Gelassenheit ausstrahlen und jeder merkt: Das sind Sie! Sie und niemand anderer!

♥ SELBST-CHECK

Ein paar spontane Fragen zu Ihrem Selbstwert: Bitte kreuzen Sie an, was auf Sie zutrifft – auch wenn es nur tendenziell stimmt:

- ☐ Ich fühle mich in Gesellschaft oft unsicher.
- ☐ Ich sage häufig »ja«, wenn ich es eigentlich gar nicht will.
- ☐ Ich glaube, ohne mich geht es nicht.
- ☐ Ich bin immer verfügbar, egal wer ruft.
- ☐ Ich habe das Gefühl, ich bin nicht erwünscht.
- ☐ Ich stelle mich immer hintan.
- ☐ Ich fühle mich ausgeschlossen.
- ☐ Ich fühle mich nicht ernst genommen.
- ☐ Alle sind gegen mich.
- ☐ Ich entschuldige mich ständig.
- ☐ Ich rechtfertige mich immer.
- ☐ Bei Kritik fühle ich mich persönlich angegriffen.
- ☐ Ich denke von mir selbst eher schlecht.
- ☐ Ich habe sehr hohe Ansprüche an mich und will nichts falsch machen.
- ☐ Ich verzeihe mir Fehler nicht so schnell.
- ☐ Ich grüble sehr oft, was andere von mir denken.

Na? Wie viele Kreuze haben Sie gemacht? Wenn es mehrere sind: Keine Bange! Vieles hängt zusammen. Und wenn Sie Ihren Selbstwert stärken, löst sich ein Kreuzchen nach dem anderen in Luft auf!

Zu allen Punkten dieses kleinen Selbst-Checks gibt Ihnen das Buch tatkräftige Hilfe! Jetzt ziehen Sie aber erst einmal eine positive Bilanz.

Selbstwert bedeutet:
- Ich vertraue mir.
- Ich mag mich.
- Ich kenne meine Pluspunkte!
- Ich stehe hinter mir und meinen Meinungen.
- Ich erkenne mich an und fühle mich anerkannt.

Ich bin ganz sicher, dass Sie zu diesen fünf Aussagen eine ganze Menge zu sagen haben!

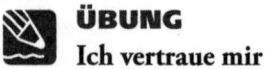
ÜBUNG
Ich vertraue mir

Das scheint eine etwas seltsame Frage zu sein: Vertraue ich mir selbst? Und doch ist sie sehr wichtig! Manchmal, besonders, wenn wir eher auf das Außen gerichtet sind, vergessen wir, dass wir in uns drin sehr viel haben, auf das wir bauen können.

	:(	:|	:)
Ich kann mich auf mich selbst verlassen.			
Ich habe viel Erfahrung und auch schon viel gemeistert, das mir bei anderen Dingen hilft.			
Auch wenn ich nicht immer darauf höre: Ein inneres Stimmchen oder ein Bauchgefühl meldet sich oft und stellt sich im Nachhinein erst als richtig heraus.			

 **ÜBUNG**
Ich mag mich

Im ersten Kapitel ging es um die Selbstliebe. Sie haben eine kleine Inventur durchgeführt, sich über Ihre Einzigartigkeit Gedanken gemacht und es ging um Ihre äußere Erscheinung. Hier ist nun gefragt, wie Sie ganz tief in sich drin zu sich stehen.

	:/	:)	:D
Ich mag meine Einstellung.			
Ich mag meine Art.			
Auch wenn ich vielleicht nicht mit allem an mir zufrieden bin: Ich bin froh, dass ich ich bin.			

Schreiben Sie hier sieben Dinge, die Sie an Ihrer Persönlichkeit besonders mögen:

1. ....

2. ....

3. ....

4. ....

5. ....

6. ....

7. ....

ÜBUNG
Ich kenne meine Pluspunkte!

Ob das Eigenschaften, Erfahrungen, Stärken sind: Nicht immer sind sie uns so richtig bewusst. Und wenn sie es sind, dann halten wir sie manchmal für selbstverständlich! »Selbstverständlich« gibt es ab heute nicht mehr!

	☹	😐	😊
Ich weiß, wer ich bin.			
Ich weiß, was ich kann.			

Wenn Sie hier etwas zurückhaltend oder gar nicht angekreuzt haben: Keine Sorge! Damit sind Sie nicht alleine. Ganz, ganz viele Menschen haben sich das noch nie gefragt. Und wenn wir uns nicht fragen, können wir uns unserer Qualitäten auch nicht bewusst sein, geschweige denn sie wertschätzen. Um sich Ihres Selbstwertes bewusst zu werden, ist das einer der wichtigsten Schritte. Ich lade Sie also ein, einmal hemmungslos über Ihre vielen, vielen Pluspunkte nachzudenken.

Nehmen Sie sich drei große Blätter Papier. Am besten kaufen Sie sich einen A 3-Zeichenblock. Nehmen Sie die Blätter quer und schreiben Sie jeweils oben drauf: »Meine schönen Eigenschaften«, »Meine vielfältige Erfahrung« und »Das kann ich gut!« Schreiben Sie nun alles auf, das Ihnen dazu einfällt. Seien Sie nicht kritisch! Es geht nicht um bewerten oder darum, was andere denken oder ob es vielleicht jemanden gibt, der das noch besser kann als Sie. Es geht einfach darum, dass Sie alles, was Ihnen zu diesen Überschriften einfällt, sofort aufschreiben. Lassen Sie die Blätter eine Woche lang auf dem Wohnzimmertisch liegen oder kleben Sie sie mit Tixo an eine Türe. Und immer, wenn Sie daran vorbeigehen, schreiben Sie etwas dazu!

ZUSATZ-TIPP
Bitten Sie auch gute Freunde, etwas beizusteuern!

ÜBUNG
Ich stehe hinter mir und meinen Meinungen

Mal ganz abgesehen davon, ob Sie bisher Ihre Meinung laut sagten oder sich trauen, jemandem zu widersprechen: Wie sieht es denn innendrin so aus:

	☺	☺	☺
Auch wenn ich nicht immer die richtige Entscheidung treffe (wer tut das schon!): Ich weiß, ich habe mir vorher gut überlegt, was ich tun möchte.			
Ich habe zu vielem eine klare Meinung.			
Manche Dinge lehne ich kategorisch ab.			
Ich bin zwar offen, höre mir neue Argumente auch gerne an, bilde mir daraus aber meine eigene Meinung.			
Wenn ich von etwas zu wenig weiß, ist es mir wichtig, mir nicht vorschnell eine Meinung zu bilden.			

 ÜBUNG
Ich erkenne mich an und fühle mich anerkannt

Die Anerkennung und Bestätigung von anderen ist wichtig. Nicht nur für Sie! Für jeden Menschen. Und dennoch ist es noch viel wichtiger – und es macht Sie unabhängiger! –, dass Sie sich selbst auch anerkennen.

	☺	☺	☺
Ich weiß, was ich gut mache.			
Ich kann mir schon auf die Schulter klopfen, was ich so alles kann und mache!			
Ich habe einige Menschen in meinem Umfeld, die mich wertschätzen: Auch wenn sie es nicht immer aussprechen, weiß ich es.			

Besonders das Anerkennen ist ein ganz, ganz essenzieller Teil Ihres Selbstwertes. Dazu kommen wir noch ausführlicher in Kapitel 3 (ab Seite 89).

Gratuliere! Wenn Sie alle Übungen gemacht haben, erleben Sie doch schon, wie gut Ihre positive Bilanz aussieht. Haben Sie das gedacht? Wenn ja: Wunderbar, dann haben Sie eine schöne Bestätigung erhalten und können nun weiter auf Ihrem Selbstwert aufbauen. Wenn nein, dann sollten Sie sich jetzt 10 cm größer fühlen! Und Sie sehen: Je mehr Sie sich Ihrer selbst bewusst werden, desto mehr kann sich ein echtes »selbstwertiges« Gefühl überhaupt entwickeln. Der nächste Schritt dazu ist Ihr Auftreten.

Treten Sie »wertvoll« auf – es ist gar nicht schwer!

Kürzlich sah ich eine Filmkomödie. Der Chef wollte inkognito seine Firma kontrollieren und wechselte mit dem Chauffeur die Rolle. Der (ehemalige Chauffeur) spielte seinen Chef so, wie dieser sich immer gab. Autoritär und sehr sicher! Er wuchs in diese Rolle regelrecht hinein: Er stellte sich aufrechter hin, machte klare Ansagen, strahlte vor Selbstbewusstsein ... und wurde auch dementsprechend behandelt.

Ein schönes Beispiel, wie sehr es auf das Auftreten ankommt. Der Chauffeur spielte eine Rolle, die ihm total geholfen hat, selbstbewusster und authentischer zu werden. Glauben Sie, so eine Rolle könnten Sie auch hinkriegen? Einfach nur, um mal zu probieren, wie sich Sicherheit anfühlt.

Meine Güte, was war ich unsicher, als ich nach der Geburt der Zwillinge wieder in den Beruf zurückkehrte. Am liebsten hätte ich mich verkrochen, wenn ich Kunden und Händler von früher sah! Irgendwann dachte ich mir: »Was soll das, willst du glücklich leben oder nicht?« Dazu gehören Freunde, Berufskollegen und Kunden. Am Anfang war ich schon nervös und das Herz hat manchmal sehr geklopft, doch ich dachte: »Da musst du durch!«

Ja, ich musste über den eigenen Schatten springen, wie ein Sprichwort so schön sagt. Immer mehr wird mir bewusst, wie weise der Volksmund ist. Der eigene Schatten, genau der ist es, der mich und auch Sie immer wieder von Aktivitäten und Freiheit trennt. Die Sonne in uns ist die Freiheit und die Offenheit, doch der Schatten der Schüchternheit, Unsicherheit und negativen – oft sehr alten – Erfahrungen holt uns immer wieder ein.

Dabei gehören Sonne und Schatten zusammen wie Tag und Nacht. Warum fürchten wir dann den Schatten so sehr? Wie würden Sie Ihren Schatten definieren? Könnte es sein, dass der Schat-

ten mit den Erinnerungen an Ihre Kindheit zu tun hat? Dass Sie immer wieder eine Stimme in Ihnen warnt:
- Pass auf, das gehört sich nicht!
- Da könnte ja viel passieren! Du weißt ja nicht, was die von dir wollen.
- Vielleicht blamierst du dich?

Und schon wird der Schatten immer länger und trennt Sie von der Sonne. Je mehr wir uns von Vornherein verunsichern, desto weniger wird es uns gelingen, sicher aufzutreten.

Bestimmt haben Sie in diesem Zusammenhang schon einmal den Tipp gehört, sich zu fragen, was das Schlimmste ist, das passieren könnte. Und das ist auch ein sehr guter Rat! Wir neigen nämlich dazu, uns völlig überzogene Horrorszenarien auszumalen. Da hilft es ganz enorm, den Realitäts-Check zu machen und sich beispielsweise zu fragen:
- Wie hoch ist die Wahrscheinlichkeit, dass ich mich blamiere?
- Wie könnte diese vermeintliche Blamage aussehen?
- Und was ist so schlimm daran, wenn ich einmal in ein Fettnäpfchen trete? Das passiert jedem einmal, es gehört zum Leben und es gehört zu mir! Es macht mich sogar liebenswert, weil es ehrlich ist.

Der Schatten gehört genauso zu Ihnen wie die Sonne. Er besteht aus Erfahrungen oder Befürchtungen, die dazu da sind, uns zu schützen. Machen Sie Ihrem Schatten also ein Kompliment, wenn er sich das nächste Mal meldet. Bedanken Sie sich, wenn er Gedanken sendet, die Sie auf etwas aufmerksam machen. Aber bitte, machen sie sich klar, SIE bestimmen, was im Hier und Jetzt geschieht. Der Schatten kann erinnern, aber nicht HANDELN. Handeln tun nur SIE. Erst wenn Sie Ihrem Schatten danken und versöhnliche Gedanken in die Vergangenheit senden, an die er Sie ja erinnert, kann Frieden und Sicherheit kommen. Denn Sie lassen sich dann nicht mehr beherrschen, sondern handeln, wie Sie es für richtig halten.

Wertvoll auftreten heißt nicht »mit Schmuck behangen«
Mit »wertvoll« auftreten meine ich natürlich nicht, dass Sie sich mit Schmuck und teurer Uhr schmücken sollen. Ich meine damit, dass Sie sich Ihres Wertes bewusst sind. Denn dann strahlen Sie das auch aus.

Sie wissen: Ich bin richtig, so wie ich bin – ein wertvoller Mensch. Auch wenn ich mich noch manchmal unsicher fühle, bin ich wertvoll und einzigartig. Denn eine wie mich gibt es kein zweites Mal!

Machen Sie sich das immer wieder bewusst. Mit wertvoll auftreten meine ich auch, dass Sie so auftreten, wie Sie sind – authentisch. Hört sich großartig an, oder? Authentisch ist nichts anderes, als dass Sie sind, wie Sie auch zu Hause sind. Ich dachte auch immer, woanders müsste ich anders sein, mich benehmen, wie es sich gehört, nein, seien Sie so, dass Sie sich in sich wohl fühlen, dann sind Sie authentisch. Überlegen Sie nicht bei jedem Wort, ob es wohl passt! Einfach raus damit, zu Hause überlegen Sie ja auch nicht lange. Auch wenn Sie etwas verlegen macht und Sie rot werden, na, dann werden Sie halt rot. Das macht Sie liebenswert und natürlich. Natürlichkeit ist Echtheit, Sie punkten damit immer. Nehmen Sie es einfach an und lachen Sie über sich selbst. Sagen Sie sich, ich bin so, wie ich bin!

Vielleicht denken Sie gerade: »Na, die hat leicht reden, die hat keine Ahnung, wie es mir geht!« Glauben Sie, ich habe Ahnung. Ich habe immer meinen Schwiegervater um seine Souveränität beneidet. Mit staunenden Augen habe ich ihn beobachtet, wie souverän er reagierte. Mit welcher Sicherheit er seine Wünsche im Gasthaus kundtat. Genauso wollte ich auch werden. Es hat gedauert, aber heute traue ich mich, so zu sein, wie ich bin. Heute verstelle und verbiege ich mich nicht mehr. Und ich versichere Ihnen: Es lässt sich trainieren. Selbstwert und Selbstsicherheit können trainiert werden, wie man alles andere auch trainieren kann. Ich habe mir auch nicht vorstellen können, einmal so sicher aufzutreten, oder eineinhalb Stunden ohne Pause Aquajogging zu schaffen. Heute ist es kein Problem mehr. Egal ob Persönlichkeit oder Sport, alles ist lernbar. Also auf in ein Training, das dem Leben wirklich mehr Qualität gibt.

ANTIHASCHERL-TIPP
So tun – als ob ...

Eine sehr hilfreiche Übung ist, so zu tun, als ob Sie das alles schon mindestens hundertmal gemacht haben. Probieren Sie es aus:

Setzen Sie sich in eine gemütliche Ecke und lassen Sie Ihre Gedanken schweifen. Die Gedanken dürfen kommen und wieder gehen. Atmen Sie ruhig und gelassen. Sie werden sehen, Ihre Gedanken werden immer ruhiger. Lassen Sie sich Zeit. Dann probieren Sie in Gedanken folgende Übungen:

- Gehen Sie in ein Lokal und tun Sie so, als ob Sie das täglich machen. Sie betreten (vorerst gedanklich) voller Selbstbewusstsein das Lokal. Ruhig blicken Sie sich um: Wo ist ein schöner Platz? Sie bemerken die Blicke der anderen und nicken hier hin und da hin. Sie fühlen sich wohl und steuern zielsicher den Platz an, der Ihnen angenehm ist. Voll Freude, das alles so gut gemeistert zu haben, bestellen Sie Ihren Lieblingskuchen.

Spielen Sie dieses Spiel weiter:

- Mischen Sie sich in eine Mütter-Diskussion am Schulhof Ihrer Kinder ein, als ob ...
- Gehen Sie selbstbewusst auf jemanden zu und beginnen Sie ein Gespräch, als ob Sie das täglich tun würden.

Lassen Sie sich dabei Zeit. Genießen Sie das Gefühl der Authentizität, genießen Sie das Gefühl, es einfach geschafft zu haben. Fühlen Sie sich wohl in dieser Energie, bleiben Sie im Lokal oder wo immer Sie in Gedanken sind, sitzen und lassen alles auf sich wirken.

Machen Sie diese Übung immer wieder UND DANN TUN SIE ES WIRKLICH! Sie werden sehen, dass der tatsächliche Zeitpunkt, in dem Sie alleine das Lokal betreten, eifrig mitdiskutieren oder mit einem Fremden Smalltalk machen, sich gar nicht mehr so fremd anfühlt. Denn Sie haben sich gedanklich schon daran gewöhnt. Das Schöne ist, dass unser Gehirn hier unser Verbündeter ist: Es unterscheidet nämlich nicht wesentlich, ob etwas tatsächlich passiert oder eben nicht! Auch das »Sich gedanklich bereits daran gewöhnen« »gilt« für unser Hirn.

Das »So tun als ob« hilft Ihnen aber natürlich noch weiter: Indem Sie, wenn Sie sich dieser Situation tatsächlich stellen, so tun, als ob Sie ganz besonders selbstsicher sind und das schon hundertmal gemacht haben. Bevor Sie die Türe aufziehen oder den Schritt auf den anderen zugehen, richten Sie sich auf, atmen tief durch und stellen sich vor, dass die einströmende Luft mit ganz viel Selbstbewusstsein angereichert ist. *Ich bin die [Ihr Vorname]. Ich bin sicher. Und ich mache das jetzt.*

ZUSATZ-TIPP

Nützen Sie das auch beruflich! Tun Sie bei einem Vorstellungsgespräch, als wären Sie total sicher, auch wenn unterm Tisch die Knie schlottern. Sie tun trotzdem, als ob und werden merken, dass es sich auf Sie auswirkt. Das ist übrigens kein Tipp, den ich mir ausgedacht habe, sondern es ist psychologisch erwiesen, dass das »Als ob« ausreicht, um das echte Gefühl in uns zu verbreiten.

Bringt »JA sagen« Liebe und Anerkennung?
Wenn wir über das Auftreten sprechen, müssen wir natürlich auch über »Ja-Sager« sprechen. Sind Sie ein JA-Sager? Ich gestehe, ich gehöre immer noch dazu. Immer wieder ertappe ich mich selbst dabei, dass ich gedankenlos JA sage, und mich so manches Mal hinterher grün und blau ärgere. Kürzlich sah ich ein Interview mit einem Arzt, der sagte, Stress entstehe, wenn man »Ja sagt und Nein meint«. Recht hat er!

Es scheint viel einfacher, JA anstatt NEIN zu sagen. Ja erhält den Frieden, Ja macht beliebt, Ja macht liebenswürdig! Wenn ich Ja sage, habe ich die Chance, geliebt zu werden. Vielleicht finden Sie sich hier? Keine Sorge, Sie dürfen ja »Ja« sagen, aber nur, wenn Sie es wirklich gerne sagen möchten!

»Wenn du schon fortfährst, könntest du mir doch ...«, sagt mein Mann. Und schon beginnt mein innerlicher Kampf. Warum muss ich immer etwas tun? Warum kann ich nicht einfach einmal in Ruhe bummeln oder die Zeit einfach für mich nutzen? Warum sage ich hier nicht einfach NEIN? Fürchte ich die Konsequenzen?

Könnte er beleidigt sein? Soll ich das auf mich nehmen? Bin ich egoistisch, wenn ich jetzt NEIN sage?

Kennen Sie das? Es gehört sehr viel Mut und Standvermögen dazu, hier bei sich zu bleiben und immer wieder abzuwägen, was sagt mein Herz, mein Gefühl dazu?

Natürlich ist es eine schöne und wichtige Eigenschaft, hilfsbereit zu sein. Natürlich werden Sie anderen gerne einen Gefallen tun oder für etwas einspringen. Natürlich schenken Sie anderen auch immer wieder gerne Ihre Zeit.

Doch das reflexartige JA, nur weil Sie sich nicht trauen, anderen auch einmal etwas abzuschlagen oder eine Grenze zu ziehen, das ist nicht gut.

Wenn Sie bisher eher ein Ja-Sager waren, dann wird der Gedanke, Nein zu sagen, sich erst mal ganz komisch anfühlen. Nehmen Sie es nicht tragisch, das ist ganz normal. Und es ist auch ganz normal, wenn Sie es auf Anhieb nicht immer schaffen. Freuen Sie sich besonders, wenn es geklappt hat!

ANTIHASCHERL-TIPP
Zählen Sie mit: Wie oft sage ich JA?

Der erste Schritt zur Veränderung ist immer das Sich-bewusst-Werden. Nehmen Sie es einfach für sich selbst – in Gedanken oder noch besser auf einer Liste – wahr, wann Sie Ja gesagt haben und eigentlich lieber Nein gesagt hätten. Bewerten Sie sich nicht. Ärgern Sie sich nicht. Nehmen Sie es einfach neugierig wahr: »Aha, jetzt habe ich wieder Ja gesagt, obwohl ich gar nicht wollte.« Wenn Sie das schriftlich machen, werden Sie wieder ganz konkret: »Heute Nachmittag habe ich mich bereit erklärt, zwei Kuchen für das Sommerfest zu backen, obwohl ich lieber abgelehnt hätte. Es macht mir nichts aus, beim Fest zu helfen, aber ich würde viel lieber vor Ort alles mit aufbauen, als mir jetzt im Vorfeld Backstress zu machen.« Unser Hirn ist ein dankbarer Unterstützer: Wenn Sie Ihre Aufmerksamkeit auf Ihre Einstellung und Ihr Verhalten richten, feuern die Synapsen wie wild – und das nützt Ihnen tatkräftig dabei, Veränderungen und neue Gewohnheiten vorzubereiten.

Und dann machen Sie sich an ein ganz leichtes Nein-Training! Wo könnten Sie beginnen? Welches NEIN wäre das erste, das Sie realisieren könnten? Luise hat es geschafft, nicht mehr jeden Sonntag auf dem Fußballplatz zu verbringen, sondern nur mehr, wenn es ihr wirklich Spaß macht. Cornelia geht alleine ins Freibad, obwohl sie zu Hause einen grantigen Jäger riskiert, der sie gerne auf der Pirsch mitgehabt hätte.

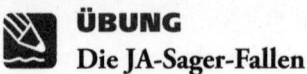

ÜBUNG
Die JA-Sager-Fallen

Hier habe ich eine kleine Liste von ganz typischen Alltags-Situationen gemacht. Bitte entwerfen Sie nach diesem Muster eine Liste, die für Sie zutrifft, und schätzen Sie sich dann ein:

	Eher Ja	Eher Nein
Sofort parat sein, wenn jemand ruft		
Jugendliche abholen zu jeder Tages- und Nachtzeit		
Mutti täglich anrufen		
Tochter/Sohn täglich anrufen		
Ständig verfügbar für Pfarrei oder Verein		
Täglich Essen kochen für die vitale Schwiegermutter		
Kinder täglich in die Schule fahren		
Bügeln für die fast erwachsenen Kinder		
Bei Tisch ständig alle bedienen		
Jederzeit auf Abruf auf die Enkelkinder aufpassen		
Jederzeit Überstunden machen.		
Für Kollegen Wochenenddienst übernehmen		
Sich ständig von der Arbeit ablenken lassen		
Oft sagen: »Macht doch nichts«		
Schuhe putzen für alle		
…		
…		
…		
…		
…		

Verstehen Sie das nicht falsch! Natürlich koche ich für die Schwiegermutter oder hole meine Jungen von einem Ball. Aber es darf einfach nicht zur Selbstverständlichkeit werden, weil Mama ja immer die Beste ist und macht und tut.

Das NEIN heißt ja nicht, dass Sie nie mehr für andere da sind. Sie sind dann da, wenn Sie es gerne sind, nicht, weil andere das so verlangen, sondern weil Sie sich bewusst entscheiden, WEIL SIE ES WOLLEN. Dann tun Sie es nämlich gerne und nicht verkrampft. Und vor allen Dingen nehmen Sie Ihre eigenen Wünsche und Bedürfnisse ernst!

Das Leben ist lebensWERT

Was das Leben echt lebenswert macht, ist für jeden einzelnen Menschen so unterschiedlich wie eine Reise ans Meer oder in die Berge. Vielleicht gehören Sie zu den Menschen, denen ein eigener Garten alles bedeutet? Oder Sie sind die absolute Fußballmutti, die bei jedem Match ihrer Kinder mitfiebert? Vielleicht finden Sie Ihr Leben am lebenswertesten, wenn Sie im Kreis Ihrer besten Freunde sind?

ÜBUNG

Machen Sie eine laaaaange Liste mit den vielen klitzekleinen, mittelgroßen und riesigen Faktoren, die Ihr Leben besonders lebenswert machen!

- Was tun Sie besonders gerne (oder würden es gerne einmal wieder tun/zum ersten Mal ausprobieren)?
- Welche Menschen sind Ihnen ganz besonders wichtig? Was schätzen sie an Ihnen besonders?
- Was sind die vielen schönen kleinen Annehmlichkeiten des Lebens, die Sie erfreuen?
- Was schätzen Sie: die Schönheit der Natur, gute Gespräche, interessante Bücher?
- Welche Eigenschaften finden Sie ganz großartig? Das ansteckende Lachen Ihres Kindes? Die Herzlichkeit Ihrer besten Freundin?

Die Sicherheit des »ICH bin«

Sie merken schon: Wir nähern uns dem Selbstwert auf verschiedenen Wegen. Das liegt daran, dass das Gefühl, das wir mit uns/über uns haben, von so vielen Facetten abhängt. In diesem Abschnitt geht es um das »Ich bin«-Gefühl. Wir schauen zunächst einmal wieder ganz spontan darauf, wie dieses »Ich bin« momentan bei Ihnen aussieht.

SELBST-CHECK
Wie schätzen Sie sich ein?

	Eher Ja	Eher Nein	
Ich bin richtig genau so, wie ich bin.			Ich möchte anders werden.
Ich bin richtig in meiner Familie.			Ich habe über meine Rolle als Ehefrau/Mutter noch nicht so richtig meinen Platz gefunden.
Ich bin richtig an meinem Arbeitsplatz.			Ich fühle mich am Arbeitsplatz nicht so wohl.
Ich fühle mich von meinen Freunden angenommen.			Ich fühle mich von Freunden nicht angenommen.
Ich bin jeden Tag ich selbst.			Ich bin eher nicht ich selbst.
Ich kenne meine Bedürfnisse.			Ich kenne meine Bedürfnisse nicht wirklich.
Ich lebe meine Bedürfnisse.			Ich lebe eher die Bedürfnisse der anderen.
Ich kann mich richtig freuen.			Ich kann mich schwer freuen.
Ich bin auch manchmal griesgrämig.			Ich tue immer so, als ob alles in Ordnung ist, auch wenn es nicht so ist.
Ich sage klar meine Meinung.			Ich schweige lieber, weil ich schnell Streit befürchte.
Ich bin aktiv!			Ich bin eher passiv und funktioniere/reagiere einfach.
Ich liebe das Leben.			Das Leben ist eher anstrengend.

Na, wie laufen die Tendenzen? Mehr rechts- oder mehr linkslastig? Vor allen Dingen, wie fühlen Sie sich momentan in Ihrem Leben? Auch wenn Sie rechts mehr Punkte angekreuzt haben und sich dabei glücklich und zufrieden fühlen, ist es für Sie ja vollkommen ok.

Vielleicht flüstert aber das kleine Männchen im Hinterkopf: »Willst du das eigentlich?« und Ihr Herz fühlt ebenso, dass es für Sie nicht passt, dann sollten Sie die Liste nochmal genauer durchforsten. Lernen Sie auf Ihr Herz zu hören, dann kommt unbegrenzte Energie.

Welcher Punkt »kratzt« Sie am meisten?
Denken Sie in einem zweiten Schritt über jeden einzelnen angekreuzten Punkt nach. Sie haben zum Beispiel den Punkt »Ich fühle mich nicht so wohl an meinem Arbeitsplatz« gewählt? Dann beleuchten Sie diesen Punkt ganz genau.

Machen Sie eine Liste mit zwei Spalten. Listen Sie auf, was ist okay, was tolerieren Sie am Arbeitsplatz, und in die zweite Liste schreiben Sie die Mängel. Was stört Sie?

Bitte überlegen Sie:
- Was könnte mit Ihnen selbst zu tun haben?
- Wo sind Sie unsicher?
- Wo trauen Sie sich zu wenig zu?
- Wo zeigen Sie Ihren Selbstwert nicht?
- Wo könnten Sie großzügiger im Denken werden?
- Mit wem könnten Sie über diese Probleme reden?

Seien Sie ganz ehrlich und achten Sie besonders darauf, wo Sie mit einer Veränderung Ihrerseits eine Verbesserung erreichen könnten. Wenn Sie sich zum Beispiel unsicher fühlen, nehmen Sie sich ein Herz und sagen Sie es. »Diese Situation, die ich hier gerade erlebe, macht mich unsicher und nervös. Was kann ich selbst dazu beitragen, dass es anders wird?« Das öffnet Ihren Blick dafür, wie weit Ihr eigener Handlungsspielraum tatsächlich ist. Und es sorgt dafür, dass andere Sie unterstützen können! Die meisten Menschen sind hilfsbereit und kooperativ.

Veränderung bedeutet Mut haben, neue Pfade zu beschreiten, nicht wissen, was auf mich zukommt. Auch wenn Sie sich in einer für Sie unguten Situation befinden, gibt das Sicherheit: Momentan leide ich zwar, aber dieses Leid ist mir vertraut, hier bin ich daheim. Es kostet Kraft, mich mit mir auseinanderzusetzen, mir klarzumachen, was will ich eigentlich. Viel leichter ist es, den eingeschlagenen Weg zu gehen, andere für mich entscheiden zu lassen. Aber das Leben verlangt Entscheidungen von uns. Wir sind aufgerufen, unser Leben in die Hand zu nehmen. Und genau darum haben Sie ja auch gerade zu diesem Buch gegriffen!

ANTIHASCHERL-TIPP

Egal welche Punkte Sie angekreuzt haben – ob Sie sich von Freunden nicht angenommen fühlen, sich schwer freuen oder bisher Ihre Bedürfnisse nicht leben: Sie sollten immer bei sich selbst anfangen!

- Warum fühlen Sie sich nicht angenommen?
- Haben Sie Angst, etwas Falsches zu sagen?
- Fühlen Sie sich den Freunden unterlegen?
- Warum fühlen Sie sich unsicher?

Gehen Sie tiefer: Hinterfragen Sie, wann Sie Ihr Selbstbewusstsein in dieser Beziehung verloren haben oder welches Gedankenmuster (mich mag ja keiner, ich bin es nicht wert) hier noch Wirkung zeigt.

Eva bekam von ihrem Mann immer einen Schubs unter dem Tisch, wenn er fand, sie sage was Falsches. So verlor sie den Mut, in Gesellschaft ihre Meinung zu sagen. Sie brauchte lange, dieses Muster abzulegen, aber nun ist sie mehr als stolz, dass sie es immer öfter schafft zu sagen, was sie denkt. Alleine sich bewusst zu machen: »Ich bin erwachsen, ich bin für mich selbst verantwortlich, ich darf solche Muster loslassen!«

Machen Sie sich diese Muster bewusst und ersetzen Sie sie durch aufbauende Affirmationen wie: Ich mag mich, wie ich bin. Ich bin geliebt und anerkannt.

Besonders beliebt bei »braven« Frauen: Ich bemühe mich, nett zu sein, obwohl ich mich nicht so fühle. Ein sehr zweischneidiges Schwert. Hier geht es die ganze Zeit um Ehrlichkeit, um zu lernen, so zu sein, wie ich bin. Eben auch mal knatschig sein zu dürfen – ohne es an anderen auszulassen. Oder zu etwas keine Lust haben zu dürfen.

Wie machen Sie es nun richtig?
1. Gestehen Sie es sich zu, dass Sie nicht immer funktionieren!
2. Wenn andere beteiligt sind, sagen Sie offen: »Heute hatte ich keine Lust zum Kochen. Lasst uns abends essen gehen« oder »Ich bin irgendwie grantig heute, wundere dich nicht – es hat nichts mit dir zu tun!« So muss Ihr Umfeld nicht spekulieren und es kommt vor allen Dingen zu keinen Missverständnissen, weil jemand Ihre schlechte Stimmung auf sich bezieht. Das Schöne ist, dass die Menschen um einen herum dann oft aktiv werden: Ihnen etwas Gutes tun oder Sie zumindest in Ruhe lassen, bis sich die Stimmung bessert.

Sie können aber natürlich auch wieder das »So tun als ob« für sich nutzen (s. S. 45): Wenn Sie sich bemühen, nett zu sein, werden Ihre Synapsen im Gehirn angeregt und dem Gedanken »Ich möchte nett sein« folgen (Das ist wieder das »So tun als ob«). Ihre Stimmung wird sich heben. Sitzen Sie allerdings alleine zu Hause und blasen Trübsal, weil Sie sich heute gar nicht nett fühlen, folgt auch hier das Gehirn den Gedanken und lässt Sie tiefer sinken. Darum ist es bei schlechter Stimmung ganz wichtig, rauszugehen. Raus in die Natur, raus unter Menschen.

Ich bin richtig – genau so!

Es ist sicher das Ziel eines jeden Menschen: »Richtig« sein! Angenommen sein! Nicht nachdenken müssen: Ist es okay, was ich sage? Mache ich alles richtig? Sind die anderen mit mir einverstanden? Einfach sein und das Leben genießen. Das ist lebenswert!

Mit diesem Gefühl sind wir einst auf die Welt gekommen. Sie haben, wie alle Menschen, viele Erfahrungen durchlaufen. Ihre Eltern haben Sie so erzogen, wie sie es für richtig hielten, oft nach den Richtlinien, nach denen sie selbst erzogen wurden. Sie haben erfahren, was Sie dürfen und was nicht, was sich gehört und was sich nicht gehört. Sie haben die Angst und den Mut kennengelernt. Solche Erfahrungen sind wichtig, denn sie haben Sie zu dem Menschen gemacht, der Sie heute sind. Auch ungute Erfahrungen haben, so schmerzhaft sie sind, Ihnen kraftvolle und positive Eigenschaften mitgegeben.

Doch die Fülle solcher Richtlinien und Erfahrungen führt auch dazu, dass man irgendwann nicht mehr weiß: Was ist denn nun eigentlich richtig FÜR MICH? Ist es so, wie die Mama meint? Oder wie es der Lehrer sagt? Ist es so, wie mein Ehemann die Welt sieht? Nun gilt es von Neuem herauszufinden: Was ist für mich richtig?

ANTIHASCHERL-TIPP
Wie bin ich nun richtig? Genau so!

Fühlen Sie wieder einmal in sich hinein. Welche Situation in Ihrem Leben hat sie in diese Gefühlsstimmung gebracht: Hier stimmt alles, ich bin bei mir. Mich kann nichts erschüttern, komme, was da wolle!

Ich habe dieses Gefühl bei der Geburt meiner Zwillinge erlebt. Als das erste Mädchen da war – ein Gefühl unbeschreiblich, einfach wie angekommen. Rundum nur Glück und Zufriedenheit. Ich habe es geschafft, Freude pur! Nur, mein Bauch wölbte sich noch immer. Was war da los? Zu aller Überraschung kam noch ein Mädchen nach. Ich war überglücklich und ich hatte das Gefühl, alles ist richtig, alles passt, mein Leben war noch nie so lebenswert. Ich hätte übergehen können vor Glück und Stolz! Ich kann dieses Gefühl auch noch heute nach vierzig Jahren wieder herholen

Sie haben sicher auch schon Situationen erlebt, die sie am Gipfel der Lebenslust ankommen ließen. Versuchen Sie, diese Energie noch einmal zu erleben.

Fühlt es sich richtig an? Leuchten Ihre Augen? Macht das Herz Sprünge? Möchten Sie tanzen und springen? Wenn Sie das fühlen können, dann sind Sie angekommen, dann sind Sie richtig – genau so!

Ich bin richtig – hier in dieser Familie

Mit Familie ist sowohl Ihre Herkunftsfamilie als auch Ihre eigene Familie gemeint:
- Fühlen Sie sich angenommen in Ihrer Familie?
- Bekommen Sie genug Aufmerksamkeit?
- Leben Sie Ihre Bedürfnisse in der Familie?
- Finden Sie Geborgenheit und Schutz?
- Haben Sie den richtigen Zuständigkeitsbereich für sich gefunden?
- Können Sie lachen und glücklich sein in Ihrer Familie?
- Haben Sie genug Unterstützung?

Lauter komische Fragen, finden Sie? »Ist doch klar?!« – Wenn dies Ihre Reaktion ist, dann sind Sie richtig in Ihrer Familie. Gratuliere! Fast beneide ich solche Familien, die partnerschaftlich keine Probleme haben und ein wunderbares Team bilden. Es findet nur so selten statt. Familien, die von Liebe und Gemeinsamkeit geprägt sind, werden zwar immer angestrebt, aber meist nicht gelebt. Warum das wohl so ist? *»Meine Mama mag meinen Bruder viel mehr als mich, da fühle ich mich oft ausgegrenzt. Er braucht nur anzurufen und sie ist bereit, auf seine Kinder aufzupassen, für ihn hat sie immer Zeit, für mich nie. Dabei hat sie von mir schon viel mehr bekommen«*, erzählt mir Geli und hat fast Tränen in den Augen. Sie läuft der Liebe ihrer Mutter nach und vergisst dabei, sich selbst zu lieben. Auch sie ist in Gedanken immer noch das kleine Mädchen, das Mutterliebe möchte, sie muss endlich zur Frau werden, die sich selbst annimmt und ihre Vergangenheit versöhnlicher sieht. Erst dann findet sie den richtigen Platz in ihrer Familie.

Bekommen Sie genug Aufmerksamkeit in Ihrer Familie?
»Ich kann meinem Mann erzählen, was ich will, er scheint mir nie richtig zuzuhören. Er stellt auch niemals Fragen!« Ursula fühlt sich gekränkt, sie möchte mehr Aufmerksamkeit, sie möchte mit ihren Freuden und Sorgen zu ihrem Mann gehen, doch sie fühlt sich irgendwie abgelehnt mit diesen ureigensten Gefühlen.

Immer und immer wieder geht es um die Liebe zu uns selbst.

Wie viele Freiräume haben Sie. Und: Was ist Ihr Zuständigkeitsbereich in Ihrer Familie? Fühlen Sie sich für »alles« zuständig? Oder haben Sie es schon geschafft, Arbeiten abzugeben? Geschirrspüler ausräumen hab ich doch glatt an meinem Mann abgetreten. Inzwischen ist er fast beleidigt, wenn ich ihm »seine« Arbeit wegnehme. Auch für Rasenmähen und Gartenarbeit, die nichts mit Blumen zu tun hat, fühle ich mich nicht zuständig. Verstehen Sie das nicht falsch. Wenn Rasenmähen zu Ihren Hobbys gehört, dann reihen Sie es in Ihren Zuständigkeitsbereich. Vielleicht geben Sie dafür das Bügeln ab?

Wann haben Sie mit Ihren Lieben so richtig gelacht? Ist noch nicht so lange her, da fiel mir auf, dass der Alltag unsere gute Laune und das Lachen »geschluckt« hatte. Immer stand das »Ich muss noch schnell« im Raum, für Humor und Spaß blieb anscheinend kein Platz. Eines Tages nahm ich mir ein Herz und sprach es an. Erst machte mein Mann große Augen, aber dann folgte ein gutes Gespräch und wir schauten wieder mehr auf unsere gemeinsame Zeit. Gefühle mitzuteilen ist immer ein Gewinn.

ANTIHASCHERL-TIPP
Machen Sie Ihre Familie zu IHRER Familie

Laden Sie die ganze Familie zu einem Menü mit Buchstabensuppe, Lachmalbraten mit Wörterstrudel und Gute-Laune-Eis. Dekorieren Sie alles nach diesem Motto und überraschen Sie damit Ihre Lieben: Jetzt kann jeder darüber sprechen, wie sein Platz in der Familie aussieht, wovon er sich mehr oder weniger wünscht. Alle werden gehört, jeder wird ernst genommen. So kann sich jeder in der Familie »richtig« fühlen!

Ich bin richtig in meinem Tun

Ich bin richtig in meinem Tun heißt, ich bin richtig in meiner Arbeit, in meinem Leben und in meiner Lebensweise. Bitte, wer kann das zu hundert Prozent von sich sagen?

Meist sind wir schon glücklich, wenn wir zu siebzig Prozent tun, was uns Spaß macht. Ich meine jetzt nicht die Routinearbeiten unseres Haushalts, die zwar nicht immer Spaß machen, aber die wir ja freiwillig gewählt haben. Nein, ich meine unsere Hauptarbeit, die uns das Geld und den Wohlstand bringen soll. Da finde ich, wenn mir siebzig Prozent meiner Arbeit gefallen, schon einen ausgezeichneten Wert.

In einem Mail schreibt eine Frau: »*Ich bin draufgekommen, dass ich zu fünfundneunzig Prozent gegen meine seelischen Bedürfnisse lebe. Mein Körper reagiert bereits mit leichten Anflügen von Rheuma!*« Diese Dame ist absolut nicht im richtigen Tun. Sie hat es selbst erkannt und ist bereits dabei, ihr Leben grundlegend zu ändern.

Die Frage nach der Richtigkeit des Tuns beinhaltet aber auch die Frage nach der Richtigkeit meiner Lebensweise.

Wenn ich Sie konkret frage: »Können Sie nach Ihren Plänen leben? Oder passiert es oft, dass Sie sich etwas vornehmen und dann ruft eine Freundin an, ob Sie nicht schnell mal auf die Kinder aufpassen könnten? Oder die Mama ruft an, sie möchte schnell einkaufen, ob Sie nicht schnell.....« Wie geht es Ihnen dabei? Sind Sie dann noch in Ihrem Tun? Wagen Sie es zu sagen: »Ich habe mir heute schon etwas eingeteilt!« Oder sagen Sie wieder Ja, einfach weil Sie sonst ein schlechtes Gewissen hätten?

Wie fühlen Sie sich in Ihrer Familie? Wird Ihr TUN geschätzt? Stimmt die Waage zwischen Pflicht und Spaß? Richtig im TUN sein heißt auch, den Zuständigkeitsbereich leben zu dürfen, der Freude bereitet. Wenn Sie keine Gartenfee sind, stehen Sie dazu. Ebenso wenn Ihnen Nähen oder Stricken verhasst ist. Dafür sind Sie vielleicht Großmeisterin im Kartenspielen!

Überlegen Sie, welche Gefühle Sie ins richtige TUN, in die Freude bringen.

ANTIHASCHERL-TIPP

Wie schätzen Sie sich ein? Wie viel Prozent Ihres Tuns machen riesigen Spaß? Schreiben Sie Ihren Tagesablauf einmal genau auf, jede Arbeit, die Sie verrichten. Sie werden Augen machen, was sich da alles findet. Denken Sie einmal, was Sie schon alleine in der ersten Stunde schaffen. Bis die Kinder aus dem Haus sind, haben Sie schon hundert Handgriffe bewältigt. Dann schnell die Waschmaschine füllen, während Sie telefonieren, nebenbei die frische Wäsche zusammenlegen ... Badezimmer putzen, Betten machen, saugen, einkaufen, den Kachelofen füllen ... Und die vielen Handlungen wie Zeitung zusammenlegen, ja auch das fällt unter Arbeit, dort ein Pulli von der Tochter und die Socken vom Ehemann und und und ... Schreiben Sie mit, erst dann sehen Sie, was Sie wirklich leisten.

Am Abend benoten Sie mit Prozentpunkten, was Sie echt gerne tun. Aus eigener Erfahrung sage ich Ihnen, Sie werden Augen machen! Sie können es genauso auf Ihren Beruf anwenden. Ich habe seither eine Bügelfrau. Das ist es mir wert, meinen Spaßfaktor zu erhöhen.

Ich bin sicher – hier und jetzt

- Sicher sein heißt, geborgen sein.
- Sicher sein heißt, sich geliebt fühlen.
- Sicher sein heißt, sein Potential entfalten zu können.
- Sicher sein heißt, seinen Platz gefunden zu haben.
- Sicher sein heißt, sich etwas zutrauen.

Haben Sie diese Sicherheit bereits gefunden? Oder stehen dagegen noch verschiedene Ängste?

»*Ich habe solche Angst, dass mein Sohn keine Lehrstelle bekommt!*«, sagt Andrea mit ängstlichem Blick. Im Prinzip weiß sie, dass diese Sorgen unbegründet sind, und doch kann sie diese Gedanken nicht loslassen. Woher kommt eine solche Angst? Vielleicht hat Andrea die Angst und Sorgen ihrer Mutter übernommen, die in einer Zeit groß wurde, wo es tatsächlich keine Arbeit gab. Sie schaute mich groß an und meinte: »*Tatsächlich, meine Mutter sagt das immer: Hoffentlich bekommt der Bub eine Arbeit!*« So wie bei Andrea ist es oft. Wir übernehmen unbewusst die Angst und Sorgen von nahestehenden Menschen und machen sie zu unseren. Vielleicht ist dies ein Anstoß, auch einmal zu überlegen: »Wo kommen meine Ängste her, die mir die Sicherheit nehmen?«

Sicher sein, geborgen sein – die Grundbedürfnisse eines jeden Menschen. Warum haben das manche Menschen und andere laufen ihr ganzes Leben dieser Sicherheit hinterher? Gertraude verdiente ihr ganzes Leben gut, ihr Mann ebenso und dennoch jammern sie ständig über Geldknappheit. Weil Gertraude jeden übrigen Cent sofort auf die Bank bringt, damit »*im Alter was da ist*«. Sie gönnen sich nichts, rein gar nichts! Aber auf der hohen Kante liegt ein Batzen Geld. Momentan steht sie wieder totale Ängste aus, weil »*man ja momentan nicht weiß, was mit dem Geld sein wird*«! Gertraude wurde wahrscheinlich schon als Kind mit diesem Sicherheitsdenken konfrontiert.

Manche Menschen sind mit einer beneidenswerten Sicherheit ausgestattet. Ich und viele andere gehören nicht dazu. Warum haben nicht alle dieses »Sicher sein«? Und vor allen Dingen, wie kann ich mir diese Sicherheit erwerben?

Sicherheit – Mut – Angst: ein Triumvirat, das unser Leben ganz schön durcheinanderwirbeln kann. Um Sicherheit aufzubauen, brauchen Sie Mut. Mutig sein heißt die Angst überwinden.

Wo fangen Sie nun an? Trauen Sie sich zu, einfach mutig und damit auch sicher zu werden? Oder nagen alte Ängste und Glaubensmuster zu sehr an Ihnen.

- »Mach das nicht, das ist zu unsicher!«
- »Den Mut hattest du noch nie, bleib wie du bist, da kennst du dich aus!«
- »Du wirst doch nicht ...«

Überlegen Sie einmal: An wen denken Sie sofort, wenn Ihnen diese Sätze einfallen? Ich denke z. B. an meine Großmutter, wenn es darum geht, ein neues Gericht beim Kochen auszuprobieren: »Du wirst kochen nie lernen, wie du dich anstellst!« Solche Sätze verinnerlichen sich leider sehr schnell und stürzen uns in Unsicherheit. Nur, sie STIMMEN heute NICHT mehr! Bitte führen Sie sich das ganz klar vor Augen! Sie glauben etwas, das vor Jahren jemand sagte und in Ihrem Gehirn wird es immer noch für WAHR gehandelt. Wie oft haben Sie inzwischen Mut und Tatkraft bewiesen? Sicher hunderte Male. Und doch geistern diese alten, längst überholten Sätze in Ihrem Kopf herum.

Setzen Sie sich mal in aller Ruhe hin, schreiben Sie diese hinderlichen Sätze auf und überprüfen Sie ganz ehrlich, was Sie alles schon streichen können.

- »Du wirst nie eine gute Mutter!« Kann mit Sicherheit schon gestrichen werden!
- »Diese Arbeit kannst du nie!« Ebenfalls bereits gegessen! Raus aus dem Kopf!
- »Du kommst alleine niemals klar!« Und wer hat die letzten Jahre alles alleine gemacht? Ebenfalls zum Ausmisten.

So gehen Sie alle hinderlichen Sätze durch und stellen sich ganz bewusst vor, wie stolz Sie auf sich sind. Sie haben alle diese Aussagen entkräftet und es hat Sie sicherer und mutiger gemacht. Immer wieder können Sätze oder Gedanken in dieser Richtung auftauchen. Fragen Sie sich gleich: Von wem stammt diese Aussage und hat sie noch Gültigkeit? Sicherheit hat auch sehr viel mit Vertrauen zu tun, dem wir uns im nächsten Kapitel ausführlich widmen.

Leben Sie in der Gegenwart!

Wir sind gedanklich oft nicht bei uns. Oder sind Sie in jeder Sekunde in der Gegenwart? Als eine Bekannte und ich uns vor Jahren das erste Mal mit dieser Thematik befassten, waren wir richtig schockiert, wie wenig wir bei uns und in der Gegenwart lebten. Sonja erstaunte mich dann sehr, denn sie machte konsequent Gegenwartsübungen. Sie ertappte sich immer wieder, dass ihre Gedanken ganz woanders waren, nur nicht bei der Arbeit, die sie gerade tat. »Sonja«, sagte sie zu sich selbst, »*du bist gerade beim Bügeln und nicht beim Kochen!*« Sie holte sich ständig in die Gegenwart zurück. Das hat uns beiden richtig klargemacht: Wir sind nicht bei uns, »im Ich«.

> **ANTIHASCHERL-TIPP**
> **Heute bin ich im ICH**

Beobachten Sie sich heute ganz bewusst selbst. Welche Gedanken geistern durch Ihren Kopf? Sind es gute oder eher ärgerliche Gedanken? Oder sind es Sorgen, vielleicht sogar Misstrauen? Beobachten Sie einfach nur. Lassen Sie die Gedanken ziehen.

In weiterer Folge registrieren Sie: Welche Gedanken habe ich beim Kochen? Beim Spazierengehen, beim Einschlafen? Sind es Gedanken, die Sie haben möchten? Vor allem: Sind Ihre Gedanken jetzt genau bei dem, was Sie gerade tun? Nein? Dann versuchen Sie die Gedanken ins Hier und Jetzt zu ziehen, zum Beispiel: *Ich schäle gerade eine Kartoffel.* Schauen Sie die Kartoffel genau an, schauen Sie auf den Kartoffelschäler, wie er die Haut der Kartoffel abzieht. Merken Sie, wie schwer das ist? Aber nur da sind Sie richtig bei sich.

Diese Übung mag etwas abstrakt klingen, doch sie ist sehr wichtig. Denn Sie trainieren dadurch in Ihrem ganz normalen Alltag, bei sich zu sein. Je mehr es Ihnen gelingt, bei sich zu sein, desto besser kennen Sie Ihre Stimmungen und Ihre Bedürfnisse – ganz abgesehen davon, dass Sie die Sache, die Sie gerade tun, sehr viel besser und schneller ausführen, weil Sie sich wirklich darauf konzentrieren.

Solange Sie eine Rolle spielen, spielen Sie noch lange keine Rolle

Unzählige Rollen begleiten unser Leben. Manche wählen wir selbst, in die meisten »rutschen« wir hinein. Zum Beispiel: die brave Tochter, die allzeit bereite Mama, die hilfsbereite Kollegin, die fürsorgliche Oma, die immer zuhörende Freundin, die liebende Ehefrau, die beliebte Chefin, die immer nette Schwiegertochter, die selbstlose Mutter, die perfekte Hausfrau, die Alle-Verantwortung-Tragende, die lustige Nachbarin.

ÜBUNG
Welche Rollen haben Sie inne?

Schreiben Sie sich alle Rollen auf, die Sie beruflich und privat ausfüllen. Geben Sie sich, wie in den Beispielen eben, das jeweils passende Eigenschaftswort. Das können natürlich auch negativ angehauchte Eigenschaften sein, wenn sie zutreffen: die bissige Sekretärin, die schlecht gelaunte Mama oder langsame Kollegin.

Haben Sie alle Ihre Lebensrollen notiert? Dann nehmen Sie diese jetzt nochmal genauer unter die Lupe:
- Welche Rolle mag ich gerne?
- Welche Rolle gibt mir Sicherheit?
- In welchen Rollen möchte ich »glänzen«?
- Welche Rolle spiele ich aus Verantwortungsgefühl?
- In welcher Rolle fühle ich mich authentisch?
- Welche Rolle macht mich abhängig?
- Welche Rolle war früher in Ordnung, gefällt mir aber nicht mehr?
- Welche Rolle macht mich abhängig?
- Welche Rolle macht mich beliebt?
- Welche Rolle schränkt mich ein – oder erdrückt mich?
- Welche Rolle stempelt mich ab?
- Welche Rolle fehlt noch? Welche Rolle würde ich gerne übernehmen?

Ein schwieriges Thema, bei dem die Grenzen sicherlich schwer zu ziehen sind. Nehmen wir einmal die Frage danach, welche Rollen Sie lieben und bei welchen Rollen Sie sich Ihrer persönlichen Freiheit beraubt fühlen. Da ist zum Beispiel die nette Kollegin, die man doch nicht hängen lassen kann. Und schon ist man in der Rolle der Hilfsbereiten. War das so gewollt oder steckt dahinter: »Das gehört sich doch!« Wären Sie nicht heute lieber zum Schulkonzert Ihrer Tochter gegangen? Das geht sich nun nicht mehr aus. Und schon kreisen die Gedanken, was sag ich jetzt wieder der Tochter. Ich hab es ihr doch versprochen. Sie sitzen echt in der Falle. Es ist doch zum

Haareraufen! Lassen Sie die Kollegin hängen, haben Sie Schuldgefühle, gehen Sie nicht zum Schulkonzert, ebenso.

»Das muss ich tun, dafür habe ich ja die Verantwortung!«– Ich glaube, hier findet sich fast jeder. Ja, das stimmt, manchmal ist man in der Verantwortung. Doch seien Sie ehrlich, manchmal würden sich Lösungen finden lassen, doch Sie trauen sich nicht, diese in Anspruch zu nehmen, weil: »Was könnten da die ANDEREN sagen?«

Es ist ja nicht schlimm, eine Rolle zu spielen, wenn wir es bewusst tun. Meine Rolle als Oma ist eine amüsante und Kraft spendende Rolle. Mich von der Nachbarin vollquatschen zu lassen finde ich weniger sinnvoll. Und doch gelingt es oft nicht, einfach NEIN zu sagen. Erst wenn es uns bewusst wird, wird es leichter zu sagen: »Heute passt es mir gar nicht!« Mutig zu sein und zu sagen, was Sache ist, gehört zum glücklichen Leben.

Von Gerti Senger, Bestsellerautorin und Lebenshilfecoach, hörte ich den sinnigen Spruch:

»Du musst aus der Rolle fallen, damit du aus der Falle rollst!« Trauen Sie sich, aus der Rolle zu fallen, und kehren Sie zu sich zurück!

Die Frage, die so manche meiner Klientinnen fast aus den Schuhen kippen lässt, ist: »Und wann sind Sie Sie selbst?« Inge schaut mich völlig konsterniert an: *»Ja, bin ich nicht ich selbst, wenn ich meiner Mama einen Gefallen tue?«* »Natürlich, liebe Inge, wenn Sie es aus vollem Herzen gerne tun!« Sie verzieht das Gesicht: *»Nein, wenn ich ehrlich bin, manchmal geht mir das ganz schön auf die Nerven!«* Dann schlüpft sie wieder in die Rolle der braven Tochter und tut es – aber innerlich gereizt.

Nehmen Sie das nicht zu ernst. Jeder von uns spielt seine Rollen. Hier geht es darum zu erkennen, wo spiele ich Rollen, die ich hasse, die mich andauernd Energie kosten.

Zurück zur Frage: »Wann sind Sie Sie selbst?« Immer wenn Sie es mit ganzem Herzen tun. Wenn Sie Ihren Mann mit einem herrlichen Abendessen verwöhnen, das zwar viel Arbeit war, aber das Sie mit Vergnügen zubereitet haben. Wenn Sie die Nachbarin mit

Freude zum Kaffee einladen und ihr interessiert zuhören, dann sind Sie bei sich! Wenn Sie Ihrem Chef und Ihren Kollegen ebenbürtig begegnen und keine Angst haben, wenn die Arbeit Spaß macht, dann sind Sie authentisch.

ÜBUNG
Welche Rollen spielte ich heute?

Sie haben ja eben schon gelesen, wie wichtig es ist, in der Gegenwart zu sein (s. S. 61). Genau das nutzen wir nun: Ich bitte Sie, einen ganzen Tag lang mitzuschreiben, welche Rollen Sie heute spielen. Schreiben Sie jeweils dazu, ob Sie sich bewusst dafür entschieden haben oder »reingefallen« sind. So in etwa könnte Ihre Liste aussehen:

Zum Beispiel:	gerne gemacht	in Rolle gefallen
Kollegen geholfen	X	
Kinderzimmer aufgeräumt		X
Familienmitglied chauffiert		X
mich am Telefon volllabern lassen		X
mit ins Kino gegangen	X	

Alles, was Sie aufschreiben, ist natürlich in Ordnung! Es geht nur darum, einmal zu schauen, wo liegt Unbewusstes, was sich leicht ändern ließe, wenn es erst einmal aufgedeckt würde.

Ich habe es ausprobiert, auch ich war erstaunt, wozu ich mich manchmal hinreißen lasse!

Wann waren Sie das letzte Mal so richtig stolz auf sich?

Schon wieder so eine heikle Frage. Wann sind Sie stolz auf sich? Sind Sie mit sich zufrieden? Klopfen Sie sich am Abend auf die Schultern? Eigentlich nie? Ist es nicht so, dass die eigene Leistung anzuerkennen Schwerstarbeit ist? Zumindest für viele ist es so.

»Was ich tue, ist doch selbstverständlich«, sagen viele und erkennen nicht, welch wertvollen Beitrag sie in der Gesellschaft leisten. Vielleicht haben sie von den Eltern nie die richtige Unterstützung bekommen, vielleicht wurden sie auch nie anerkannt?

»Wenn ich die Rolle der hilfsbereiten Kollegin spiele, werden meine Leistungen anerkannt!«, erzählt mir Ulrike. Stellt sich die Frage: Warum müssen die Leistungen von Ulrike von JEMANDEM anerkannt werden? Genügt es ihr nicht, wenn sie selbst weiß, was sie leistet?

Gleiches Szenario im Büro. Auch hier gibt es die Heinzelmännchen und Heinzelfrauchen, sie werden geliebt, denn sie sind still und unauffällig für alle da. Nur sie selbst lieben sich nicht, sie verschlingen in der U-Bahn schon die erste Tafel Frust-Schokolade, weil sie es wieder nicht geschafft haben, Grenzen zu ziehen.

Jede Änderung, auch Grenzen ziehen, braucht Energie. Und Mut! *»Und wie weiß ich, dass ich dann zufrieden bin?«*, meint Susanne. Das weiß man vorher nie. Das gehört zur Mutprobe. Und vor allem, ich kann es ja auch wieder ändern. Es geht darum, dass ICH mich in MEINEM Leben wohlfühle.

»Ach geh, das ist doch gar nichts Besonderes!« – Sagen Sie das auch?

Eine liebe Bekannte ist für alle da, für ihre Familie, für ihren Arbeitgeber, für die Enkelkinder, sie arbeitet rund um die Uhr. Wenn ich sie darauf anspreche, höre ich immer wieder: *»Ach geh, das ist doch gar nichts Besonderes!«* Sagen Sie das auch? Dann stehen Sie damit nicht alleine: Wir sind oft Meister darin, uns für selbstverständlich zu nehmen. Dazu kommt, dass wir oft ganz automatisch Komplimente und ein Lob vorschnell abtun.

Aber bleiben wir einmal kurz bei der Sichtweise »Das ist doch gar nichts Besonderes!«.

Was hat das für Auswirkungen?

Für Sie selbst:	Für andere:
Sie würdigen Ihre eigenen Eigenschaften, Ihre Leistungen und Ihre Persönlichkeit nicht.	Es kann mühsam sein, sich bei Ihnen zu bedanken oder Sie zu loben, wenn Sie es vorschnell abtun (oder offensichtlich damit nicht gut umgehen können). Lob und Anerkennung ist immer etwas, das dem anderen Freude schenken soll.
Sie haben keinen klaren Maßstab: Denn Sie nehmen gerade das, was Sie besonders gut machen und gut können, nicht nur nicht wahr, sondern reden es sogar herunter.	Der andere fühlt sich nicht ernst genommen, wenn Sie ihm sagen, dass das, was er gut und lobenswert findet, nicht des Lobes wert ist.
Sie erkennen nicht, was Sie ganz besonders gut machen, wo Sie Talente haben.	Es wird anstrengend für andere, wenn sie erst noch Überzeugungsarbeit leisten müssen, damit Sie ein Lob annehmen.
Andere können nicht erkennen, was Sie wirklich leisten.	Und manchmal glaubt man vielleicht, Sie kokettieren damit, um noch mehr Lob zu bekommen (»Doch, es ist etwas Besonderes, weil ...«)
Sie wirken nach außen unsicher.	

Es ist nicht leicht, mit Menschen umzugehen, die ihre Leistungen so herunterspielen. *»Geh, das würde doch eh jeder machen!«*, meint Resi und lächelt bescheiden. Ich werde fast wütend. Immer wieder versteht sie es mit ihrer »Selbstnichtwürdigung« nicht nur ihre, sondern auch unsere Leistung herabzusetzen. Denn wenn ihre großartige Arbeit nicht zählt, was ist dann mit uns »Normalos«?

Sehr gut kurieren lässt sich dieses »Das ist doch selbstverständlich!« damit, dass Sie sich dessen klar werden, was Sie an anderen schätzen.

Fangen Sie an zu loben

Ich habe eine gute Nachricht für Sie! Ein gutes und sehr erfreuliches Training ist es, dass Sie damit beginnen, andere anzuerkennen. Ja, das ist tatsächlich eine Fähigkeit, die Sie auch der eigenen Anerkennung näherbringt.

Fangen Sie an zu loben, wenn Ihnen etwas gut gefällt, wenn Sie gut bedient wurden oder ein Kollege nett zu Ihnen war. Aber loben Sie richtig! Richtig loben heißt, dass Sie ganz konkret sagen, was Ihnen gefällt. Sie würden also nicht einfach heimlich der Bedienung im Lokal mehr Trinkgeld geben und hoffen, dass sie das dann schon richtig interpretiert. Sondern Sie überlegen sich ganz genau, was Ihnen so gut gefällt: »Vielen Dank. Sie sind wirklich ausgesprochen aufmerksam, schnell und so fröhlich!«

Vielleicht möchten Sie Ihrer besten Freundin eine Postkarte schreiben und sich bedanken, dass es sie gibt? »Ich freue mich, dass ich so eine lustige, verlässliche, kluge Freundin wie dich habe!« Oder Sie rufen bei der Telefonauskunft an und der Mann am anderen Ende hat eine tolle Stimme: »Jetzt muss ich Ihnen ein schönes Kompliment machen: Sie haben so eine angenehme, sonore Stimme. Sie sollten beim Radio arbeiten!«

Vielleicht ist das am Anfang etwas komisch für Sie. Alles, was wir noch nie gemacht haben, fühlt sich manchmal etwas ungewohnt an. Doch andere zu loben ist immer etwas ganz, ganz Schönes! Es lohnt sich ungemein, wenn Sie sich das antrainieren. Und wenn es anfangs mündlich zu schwierig für Sie ist, dann machen Sie es, wie gesagt, einfach erst mal schriftlich. Eine schöne Postkarte, ein Brief oder einfach eine nette E-Mail schicken.

Loben Sie natürlich auch zu Hause: Ihren Partner, Ihre Kinder. Erkennen Sie deren Leistungen an. Sie werden bemerken, dass Sie sich auf einmal über Kleinigkeiten freuen können, dass Sie einen neuen Maßstab für Leistungen finden.

❗ WICHTIG

Bitte rechnen Sie nicht auf. Wir alle machen Dinge, die gut sind, und wir alle machen Dinge, die andere nerven. Wenn Ihr Kind das Zimmer nie aufräumt, aber dafür immer beim Einkaufen super hilft, dann ist das Einkaufen für sich gesehen lobenswert. Also nicht relativieren! Und nicht glauben: »Wenn ich dieses hier lobe, denkt er, er kommt mit jenem davon.«

Ich habe heute .... gelobt, weil ....

....

Ich habe heute .... gelobt, weil ....

....

Ich habe heute .... gelobt, weil ....

....

Ich habe heute .... gelobt, weil ....

....

Ich habe heute .... gelobt, weil ....

....

Ich habe heute .... gelobt, weil ....

....

Und dann loben Sie sich bitte auch selbst! Sagen Sie: »Das hab ich heute gut gemacht. Ich bin stolz auf mich!«

Selbstverständlich geht es auch beim Selbstlob darum, konkret zu werden: »Wow! Heute Vormittag war ich total produktiv! Ich kann es nicht fassen, dass ich schon die Kinder weggebracht, eingekauft, die Fenster geputzt und die Rechnungen überwiesen habe!« oder »Das war jetzt gut von mir, dass ich mich am Telefon nicht habe abwimmeln lassen. So habe ich doch noch erreicht, dass ich den früheren Termin bekomme!« oder loben Sie sich augenzwinkernd, aber immer ernst gemeint: »Jetzt habe ich ganz alleine dieses Projekt in der Arbeit durchgezogen, obwohl meine zwei Kolleginnen krank waren. Ich sollte mir ein Superfrau-T-Shirt drucken lassen!«

Ich habe mich heute gelobt, weil ....

....

....

ÜBUNG
Freuen Sie sich über jedes Lob!

»Gut schaust aus!«, lacht mich eine Seminarteilnehmerin an. Warum lässt mich so ein Kompliment an einem Tag fast fliegen und an einem anderen Tag zweifeln, ob das wohl ernst gemeint sein kann?

»Na, das hast du ja wunderbar gemacht, niemand kann das so gut wie du!« Ein ehrliches Lob oder nur so dahingesagt? Wie erkenne ich, ob ein Lob echt ist? Und wie reagieren Sie darauf?

Hören Sie auf Ihr Herz, spüren Sie hinein. Welche Energie fühlen Sie?

Vielleicht geht es Ihnen so wie mir: Fühle ich mich gut und sicher, geht mein Herz bei jedem Kompliment und Lob auf. Ich bin bei mir, ich fühle mich wohl und dann höre ich auch gerne Komplimente. Habe ich einen schlechten Tag, zweifle ich an mir und damit auch an Lob und Komplimenten. Sie merken schon, es hat alles, wirklich alles, mit uns selbst zu tun.

Unsichere Menschen tun sich viel schwerer, Lob anzunehmen. Sie misstrauen sogar Menschen, die loben. Durch ihre Unsicherheit nehmen Sie alles sehr persönlich und glauben nicht an ihre Leistung. Ein Lob ist für sie wie: »Da muss ich mich gleich noch mehr anstrengen, sonst würde er mich nicht loben, damit will er mich sicher anspornen!« Sie trauen sich selbst so wenig zu, dass sie gar nicht auf die Idee kommen, dass jemand mit ihrer Leistung zufrieden ist.

»Du hast heute eine wunderbare Frisur!«, sage ich ganz ernst und ehrlich zu einer Freundin. »Geh, das sagst du doch nur so, ich bin wie immer!« Solche Reaktionen sind sehr schwierig für den, der gerne Komplimente verteilt. Komplimente und Lob auch annehmen können ist ein wichtiger Lebenslernprozess.

ANTIHASCHERL-TIPP
Bewerten Sie sich nicht zu streng

Gerade wenn Sie sich noch unsicher und nicht geliebt fühlen, wenn Sie noch immer an sich zweifeln, bewerten Sie sich bitte nicht zu streng. Lehnen Sie Komplimente und Lob nicht ab!

Meist sind gerade Menschen mit großer Unsicherheit besonders liebenswerte und nette Menschen, die viel für andere tun. Und dann lassen sie sich nicht loben. Das tut dem Lobenden weh.

»Da kannst sagen, was du willst, sie nimmt nichts an und spielt mein Kompliment komplett herunter!«, erzählt mir eine Klientin, *»Ich weiß nicht, warum sie allergisch auf Komplimente reagiert!«* Ganz einfach: Sie glaubt, sie ist es nicht wert. Ein Kompliment ist auch ein Maßstab für Ihre Arbeit. Gerade Frauen mit wenig Selbstbewusstsein können ihre Leistung nicht richtig einschätzen. Ein Lob oder ein Kompliment rückt diese Leistung an die richtige Stelle. Bitte nehmen Sie es an!

Wer Lob ständig misstraut und glaubt, das sei nur so dahingesagt, vielleicht sogar Taktik, leidet unter zu geringem Selbstwert und Selbstsicherheit. Hier sollten Sie sich fragen: »Warum kann ich kein Lob annehmen? Was nimmt mir die Sicherheit, dass ich immer glaube, mich kann doch keiner loben, das bin ich doch gar nicht wert?« Räumen Sie diese alten Glaubensmuster aus. Fangen Sie an, Ihre Arbeit wertzuschätzen, und freuen Sie sich über Lob. Denn gerade, wenn Sie erst am Anfang damit stehen, sich selbst anzuerkennen, hilft Ihnen dieser Blick von außen zu erkennen, was alles anerkennenswert an Ihnen und Ihrer Arbeit ist.

Es wird nicht lange dauern und Sie bekommen mehr Lob aus Ihrer Umgebung!

- Dadurch, dass Sie andere loben und das so konkret tun, schauen diese bei Ihnen auch genauer hin und sind animiert, das Positive anzuerkennen.
- Dadurch, dass Sie sich loben, gehen Sie selbstbewusster und fröhlicher durch die Gegend.

> Und: Wenn Sie Ihre Leistungen auch vor anderen loben, merken diese erst einmal, was Sie alles tun!
>
> ■ Dadurch, dass Sie lernen, Lob von anderen nicht einfach abzutun, behält Ihre Leistung ihren Wert.
>
> ■ Und dadurch, dass Sie sich sichtlich freuen und Lob gut annehmen können, bekommen Sie auch weiterhin Komplimente und Anerkennung, weil man sieht, dass es Ihnen nicht unangenehm oder peinlich ist, sondern Sie sich ehrlich freuen!

Freuen Sie sich, wenn etwas gut gelungen ist

»Heute habe ich das ganze Kinderzimmer in Lila neu ausgemalt und gleich alle Möbel dazu passend gestrichen.« Strahlend erzählt mir Gerlinde von der gelungenen Arbeit. Sie ist mächtig stolz auf sich. Ich freue mich mit ihr und bewundere ihr handwerkliches Geschick! Wie geht es Ihnen, wenn Ihnen etwas besonders gut gelungen ist?

Freuen Sie sich ebenso wie Gerlinde oder machen Sie es wie meine Freundin Amelie, die nicht einmal erzählt, was sie neu gemacht hat, weil das ja sowieso selbstverständlich und eigentlich gar nichts Besonderes ist. In Wahrheit wartet Amelie nur darauf, dass endlich jemand sagt: »Meine Güte Amelie, das hast du alles selbst gemacht?« Sie wartet auf die Anerkennung von außen, die sie dann vielleicht sogar erst einmal ablehnt, damit sie es noch öfter hört. Das gäbe sie aber nie im Leben zu.

Gerlinde ist sich ihres Wertes bewusst und kann sich ganz offen freuen. Amelie ist sich ihres Wertes vielleicht auch bewusst, traut sich aber nicht damit heraus. Sie hofft, dass ihre Leistung gesehen und anerkannt wird. Denn dann wird auch sie anerkannt, glaubt sie. Ich sage allen Amelies: »Bitte freut euch ganz offen und ehrlich, wenn euch etwas gut gelungen ist! Ihr werdet sehen, die Umwelt freut sich mit.«

Verlangen Sie nicht immer von sich mehr als von anderen

Schreckt Sie diese Überschrift? »*Ich bin einfach nicht zufrieden, wenn ich nicht mehr leiste, als verlangt wird! Ich hasse meinen Perfektionswahn und doch kann ich es nicht lassen!*«, meint Petra. Bei Petra ist alles perfekt. Es findet sich kein Staubkörnchen in der Wohnung, hinter den Kindern wird hergeräumt. Und wenn Besuch kommt, schaut sie schief, wenn versehentlich die Tasche der Besucherin eine Wand berührt. Sie kann ihre eigenen Erwartungen an sich kaum erfüllen.

SELBST-CHECK
Wie erkenne ich, dass ich »überperfekt« bin?
(Oder sein möchte.)
Bei welchen der folgenden Aussagen finden Sie sich?

- Ich gehe niemals aus dem Haus, wenn nicht alles aufgeräumt ist.
- Ich werde ganz »wurlig«, wenn nicht alles an seinem Platz liegt
- Was du heute kannst besorgen, das verschiebe nicht auf morgen!
- Ich habe oft am Abend das Gefühl, ich habe nicht genug getan.
- Ich möchte auf keinen Fall, dass jemand glaubt, ich bin unordentlich.
- Ich bleibe oft länger in der Arbeit, damit keine Arbeit liegen bleibt.
- Ich hadere immer, ob das, was ich getan habe, gut genug ist.

Was glauben Sie, wer verlangt von Ihnen, so perfekt zu sein? Ihre Mutter? Ihr Mann? Ihr Chef? Oder vielleicht gar Sie selbst?

Natürlich wollen wir alle »perfekt« sein. Doch da gibt es noch den kleinen Unterschied: Wenn Sie nie fertig sind, immer etwas auszusetzen haben oder ständig weiterer Perfektion nachjagen, dann geht es nicht um Ihre eigene Zufriedenheit, sondern dann haben Sie übersteigerte Ansprüche, um besonders gut zu sein, besonders gut dazustehen oder es allen rechtmachen zu wollen.

Und Sie wissen ja: Das möchten wir nicht! Denn Ihre Zufriedenheit, Ihre Selbstsicherheit und Ihr Selbstwert können nur dann wirken, wenn Sie mit sich selbst im Reinen sind – und nicht immer nach anderen schielen.

Was würde beispielsweise passieren, wenn Sie einmal alles liegen und stehen lassen und so aus dem Haus gehen? Sehen wir mal von Ihren Schuldgefühlen ab, was würde Ihr Mann oder Ihre Mutter dazu sagen? Könnte es sein, dass sich Ihr Mann sogar freut, weil die Wohnung endlich mal nicht ausschaut wie im Möbelhaus-Katalog? Weil sie endlich mal »bewohnt« ausschaut?

Wie würden Sie sich fühlen, wenn Sie wie alle Ihre Kolleginnen pünktlich um 16 Uhr das Büro verlassen, obwohl noch zwei Faxe und ein Schreiben nicht erledigt sind? Je perfekter Sie sich verhalten, desto mehr Arbeit wird Ihnen aufgehalst. Und Sie möchten vermutlich niemanden enttäuschen und lassen sich immer mehr aufbürden.

Ent-täuschung, eine Täuschung aus überzogener Erwartung. Erwartung an sich selbst und Erwartung von anderen, »weil Sie ja immer alles getan haben!«

Überprüfen Sie einmal,
- was tun Sie echt gerne
- was tun Sie, weil man es erwartet
- was tun Sie, weil es sich eben gehört
- was von alledem würden Sie gerne loslassen

ANTIHASCHERL-TIPP

Wechseln Sie auch die Perspektive: Würden Sie von jemand anderem das Gleiche verlangen? Oder sind Sie nachgiebiger, lockerer, wenn es um andere geht?

Vieles von dem, was wir von unseren Eltern gelernt haben, ist nützlich. Es ist auch wichtig, gewisse Regeln zu leben. Doch es ist vor allem wichtig, diese Regeln zu durchleuchten:

- Ist es eigentlich noch richtig, wenn ich nach dieser Regel (oder diesem Sprichwort) lebe?
- Habe ich automatisch Regeln übernommen, die gar nicht mehr stimmig für mich sind?
- Wie möchte ich diese Regeln verändern? Welche werfe ich raus und wodurch möchte ich Sie ersetzen?

Die große Frage ist also: Fühle ich mich mit meinen Ansprüchen an mich selbst wohl?

Gibt es bestimmte Regeln, denen ich mich unterwerfe, weil ich es so gewohnt bin oder weil ich mir etwas davon erhoffe?

Hier ist wieder eine große Portion Ehrlichkeit gefragt. Ich ertappe mich auch immer wieder dabei, dass ich Abläufe in mein Leben lasse, die ich so nicht wollte. Denen ich hoch und heilig abgeschworen habe und die sich doch immer wieder einschleichen.

Ich gehöre beispielsweise zu den »Ich muss noch schnell«-Typen. »Ich muss noch schnell hier was fertig machen und dann muss ich noch schnell ….« Und so vergeht der Nachmittag und ich bin wieder nicht hinausgekommen, hab wieder nicht die Bewegung gemacht, die mir so gut tun würde. Wie oft habe ich mir schon geschworen, gleich nach Mittag gehe ich los, es ist kaum zu schaffen.

Es liegt an uns, wie wir unser Leben gestalten, wir haben die freie Wahl, machen Sie von diesem »Wahlrecht« Gebrauch!

Klarheit im Leben

»Was mir fehlt, ist einfach Klarheit«, erzählt mir Monika. Nur welche Klarheit meint sie eigentlich? Was ist ihr nicht klar? *»Ich möchte endlich wissen, wie mein Leben weitergehen soll. Ist es richtig so, wie ich es mache, oder soll ich etwas verändern? Wenn mir das nur jemand sagen könnte!«* So wie Monika denken viele Menschen.

Ein Lebenslehrer sagte mir einmal: »Einsagen gilt nicht im Leben!« Jeder Mensch muss seine Lebensaufgaben und seinen Weg selbst finden. Das heißt nicht, dass Sie keine Hilfe in Anspruch nehmen dürfen, aber gehen müssen Sie und jeder andere seinen Weg selbst.

Eine zentrale Voraussetzung für Selbstwert ist auch die Klarheit darüber, wohin man möchte und wo sich Veränderungen hin entwickeln sollen. Denn wenn Sie »in sich« klar sind, dann sind Sie bei sich und sind stark. Wie kommen Sie nun zu der gewünschten Klarheit?

Für mich hat Klarheit viel mit Ordnung zu tun. »Wie innen, so außen«, heißt ein Sprichwort. Wenn ich im Außen ein Chaos um mich habe, wird es in mir innen auch nicht viel anders ausschauen. Im Buch »Fengshui gegen das Gerümpel aus dem Alltag« habe ich gelesen, dass für Klarheit und Ordnung als Erstes der Fußboden frei geräumt werden muss. Ich dachte, was soll das denn? Und schau so neben meinen Schreibtisch. Und was sehe ich? Einen Korb mit lauter Elektromüll. Alte Handys, Kabeln und lauter solchen Kram. Ich denke, das darf es doch nicht geben, und doch war es so. Auch ich musste am Fussboden anfangen, Ordnung zu schaffen. Ich habe dann gleich weitergeordnet. In meiner Euphorie kamen gleich der Kleiderschrank und verschiedene Schubladen dran. Und ich kann Ihnen sagen. Es wurde klarer und klarer, zumindest erst mal in der Wohnung. Obwohl ich nicht zu den Menschen gehöre, die alles horten, war es trotzdem ein ganz neues Gefühl. Warum? Weil wir eingreifen in unser Leben: Wir werfen Ballast ab, wir sortieren uns buchstäblich, wir werden aktiv!

Sogar schon das Aufräumen der Wohnung und die Entscheidung, sich von Dingen zu trennen, kann ganz schön schwierig sein. Es ist aber gleichzeitig ein exzellenter erster Schritt, mit dem Sie, so unglaublich das klingt, auch an Ihrem Selbstwert arbeiten.

- Sie trennen sich von Staubfängern.
- Sie schaffen innerhalb der Wohnung (besonders, wenn Sie mit Partner oder Familie leben) neue Regeln, zum Beispiel, dass bestimmte Ecken nicht einfach als Ablage für alles genutzt werden.
- Sie halten nicht an altem Nippes oder fiesen Geschenken fest, an denen Sie sich schon lange nicht mehr freuen.
- Und besonders bei den Gegenständen und Räumen, die Ihnen selbst gehören, schneiden Sie alte Zöpfe ab und bringen frischen Wind hinein.

ÜBUNG
Was passt noch zu Ihnen?

Schauen Sie in Ihrer Wohnung: Was passt noch wirklich zu Ihnen? Vielleicht hängt da ein Bild von Tante Resi, das Ihnen gar nicht gefällt, aber Tante Resi könnte ja beleidigt sein, wenn ...

Geben Sie es weg, wenn es Ihnen nicht wirklich gefällt. Was steht noch alles in der Wohnung, das irgendwann einmal für Sie eine Bedeutung hatte, aber nun schon lange nicht mehr! Geben Sie es weg! Überlegen Sie, ob Sie an diese Stelle überhaupt noch etwas hinstellen wollen, und wenn – schauen Sie genau, was passt JETZT zu Ihnen? Achten Sie auf Ihr Gefühl, gehen Sie mit diesem Gefühl durch die Wohnung: Was zieht Sie an, was stört Sie eher? Probieren Sie es aus, nehmen Sie Sachen weg und achten Sie auf die Energie. Verändert sich etwas? Besser? Oder nicht?

Gehen Sie von Raum zu Raum und schauen Sie, was Ihre Klarheit fördert! Merken Sie schon, dass durch diese Arbeit etwas mit Ihnen passiert? Dass sich Ihre Denkweise verändert? Denken Sie daran, wie außen, so innen. Wenn Sie im Außen »klar Schiff« machen, kommt es auch im Inneren.

Betrachten Sie auch ganz neutral Ihr Umfeld. Mit welchen Menschen umgeben Sie sich? Sind das alles Menschen, die Ihr Herz erfreuen? Oder spielen Sie oft die »Klagemauer« für die Nachbarin oder Freundin? Wie geht es Ihnen dabei und vor allem, wie geht es Ihnen NACH dem Besuch? Möchten Sie das wirklich oder ist es eher eine Last? Mit welchen Menschen sind Sie besonders gerne zusammen, von welchen Treffen kommen Sie ganz energiegeladen nach Hause? Fördern Sie diese Treffen und schränken Sie die Energie raubenden Gespräche ein.

»Ich kann doch jetzt nicht einfach den Kontakt abbrechen, die Nachbarin braucht mich doch«, ist Regine empört. *»Das tut man doch nicht!«*

Doch, tut man! Selbstwert heißt auch, dass Sie es sich wert sind, sich mit Menschen zu umgeben, mit denen die Beziehung erfreulich ist: in denen es ein Geben und Nehmen gibt, in denen man sich durchaus bei Sorgen und in schwierigen Zeiten unterstützt!

In jeder Beziehung sollten Sie sich unbedingt aber fragen: Gibt MIR diese Beziehung etwas? Fühle ich mich mit dieser Person wohl? Bin ich angenommen? – Oder fühle ich mich wie ein Statist oder gar ausgenutzt? Geht es immer nur um den anderen? Vielleicht kennen Sie auch Menschen, die andauernd nur negativ sind und jammern. Das sind Beziehungen, die so nicht weitergehen dürfen! Bei Menschen, die Ihnen wirklich wichtig sind, heißt es, sich ein Herz zu fassen und es anzusprechen, wenn Schieflage herrscht. Bei Menschen, bei denen Sie wirklich nur als Mülleimer dienen oder die einfach einen Zuhörstatisten oder eine Dauerkrücke brauchen, ist es wichtig, sich zu trennen. Glauben Sie nicht, Sie seien nicht ersetzbar! Sogenannte »Energieräuber« finden sofort wieder ihr Opfer. Weil man damit ja Gutes tut – glaubt man. Ist aber nicht so, denn diese Menschen zehren nur, sie geben nichts zurück.

Auch das gehört zum »Klar Schiff«-Machen. Denn diese Stunden, die Sie nur Energie kosten, könnten Sie nun für sich verwenden. Und: Insgesamt geht es Ihnen besser, denn Sie beschweren sich nicht mit Problemen und Gejammer anderer.

Mit einer neuen Denkweise verändert sich übrigens auch automatisch der Bekanntenkreis. Denn wir strahlen aus, was wir denken. Der Volksmund weiß das schon lange und sagt: »Wie man in den Wald ruft, so tönt es zurück«! Wenn Sie Ihre »allen und jeden helfende« Energie aufgeben, strahlen Sie etwas anderes aus und Sie werden Menschen mit ebenfalls dieser Energie anziehen. Achten Sie darauf, was Sie denken, Sie werden erstaunt sein, wie klar das Leben auf einmal wird. Und auch schön, denn nun achten Sie auf Ihre eigene Energie und lassen sich nicht mehr in fremde Energiefelder ziehen.

Was möchte ich erreichen?

Welches Ziel verfolgen Sie momentan, was möchten Sie erreichen? Was begeistert Sie schon lange, worüber denken Sie nach? Claudia verbringt jede freie Minute bei ihren Pferden und träumt von einem kleinen Bauernhof mit eigenen Tieren und solchen, die bei ihr eingestellt werden können. Dazu möchte sie ihre Ausbildung nutzen und Tiere behandeln. Noch ist es ein Traum, den sie allerdings unbedingt umsetzen möchte.

Wie ist das bei Ihnen? Was möchten Sie erreichen?
- Mehr Freizeit zum Malen
- Einen 20-Stunden-Job
- Dass Sie Ihr Hobby zum Beruf machen
- Dass Sie mehr anerkannt werden
- In einem Laientheater mitspielen
- Eine neue Ausbildung anfangen
- Den Biker-Führerschein machen
- Das Rote Kreuz ehrenamtlich oder beruflich unterstützen
- Ihre Kinder selbst unterrichten

Es gibt unzählige Möglichkeiten, das Leben reicher zu machen. Vielfach trauen sich Frauen einfach gar nicht, sich einzugestehen, dass es etwas gibt, was sie sehnlichst erreichen möchten. *»Ja, das wäre schön, aber das lässt sich ja nicht machen!«* Das dachte sich auch Astrid, die sich im Büro im Unternehmen ihres Mannes ziemlich eingesperrt und unabkömmlich vorkam. Bis sie von ihren Wünschen, eine Ausbildung in alternativen Heilmethoden zu besuchen, öfters gesprochen hat. Und siehe da, inzwischen ist sie Absolventin der Ausbildung und glücklich. Der nächste Schritt wird sein, die Bürostunden zu verringern, um mehr mit Menschen, die ihre Hilfe brauchen, zu arbeiten.

Trauen Sie sich, Ihre Wünsche zu formulieren, nur so haben sie eine Chance, sich zu verwirklichen.

Wohin geht mein Weg?

Haben Sie sich schon einmal Gedanken gemacht, wo Ihr Weg hingehen soll? Oder kreisen Ihre Gedanken immer wieder um das, was alles schief ging in Ihrem Leben? Dann gehören Sie zur Mehrheit, denn die meisten Menschen denken darüber nach, was Sie alles nicht so geschafft haben. Das ist fast unglaublich, aber es ist so. Warum das so ist?

Johanna erzählt mir: *»Ja, wenn ich damals nach Wien gegangen wäre, dann wäre mein Leben anders verlaufen! Aber mein Mann hat ja nicht mitgezogen, er konnte sich von seinen Eltern nicht trennen!«* Immer wieder diese Wenn und Wäre! Hören Sie es? Ihr Mann ist der Schuldige, sie hätte ja … So ist es aber nicht, sie hat es damals nicht gewagt, sonst hätte sie sich von nichts und niemandem abhalten lassen, sie wäre ihren Weg gegangen.

Vielleicht hatte sie Angst vor der Zukunft? Es war für sie der einfachere Weg zu sagen: *»Mein Mann hat nicht gewollt!«* Heute jammert sie der vergebenen Chance nach. Sie schwelgt mit ihrer Energie in der Vergangenheit. Und bindet sie damit.

ÜBUNG

Mit diesem Buch schlagen Sie ein neues Lebenskapitel für sich auf! Deshalb geht es nun darum, sich zu überlegen, wohin Ihr Weg gehen soll. Keine Sorge, Sie brauchen nicht sofort und ganz genau zu wissen, wie dieser Weg ausschauen soll. Es geht wieder einmal einfach darum, dass Sie sich Fragen stellen:

Welcher Weg würde mich glücklich(er) machen, mir Freude bringen und mich das Leben leichter leben lassen? Das führt zum nächsten Schritt, sich zu fragen: Was lässt mich denn leicht leben? Was macht mich denn echt glücklich?

Wenn Sie die Übungen in diesem Kapitel schon gemacht haben, haben Sie schon eine ganze Menge schöner Ansatzpunkte, die Sie verändern möchten oder neu ausprobieren. Was Sie total gerne machen, wo Sie Ballast abwerfen möchten. All das sind lauter Puzzlesteinchen für Ihren neuen Weg.

Erlauben Sie sich bitte auch zu träumen. Nehmen Sie für diese Übung an: Alles ist möglich!

Was ist aus Ihren Talenten geworden?

Jeder Mensch hat für irgendetwas Talent. Man könnte auch sagen Begabung, Berufung, besondere Fähigkeit oder Geistesgabe. Genau diese Gaben gilt es zu nützen. Manchmal sind sie Jahre vergraben, weil Papa oder Mama sagten: »Lern zuerst was Gscheites, dann kannst tun, was du willst.«

Im Laufe der Zeit vergisst man das, weil der Alltag alles fordert. Oft ist er aber deswegen so fordernd, weil Sie »auf der falschen Spur« sind. Auf der Spur, die Papa wollte. Bei mir war es jedenfalls so. »Du lernst beim Großvater. Aus! Basta!« Der hatte eine Schmiede und ich musste dort Bürolehrling sein. Vielleicht wären meine Begabungen ganz andere gewesen? Ich wollte dort nicht unbedingt hin, aber ich hab auch nicht groß nachgedacht, was es sonst noch geben könnte. Allerdings bin ich nach den drei Jahren Lehrzeit sofort in die große weite Welt aufgebrochen. Und erst viel später kamen meine wirklichen Talente zum Vorschein. Sie haben mir ein schönes, erfülltes Leben gebracht, in dem einen weiteren absoluten Höhepunkt dieses Buch darstellt.

Wo liegen Ihre Talente? Was können Sie besonders gut? Wo fühlen Sie sich besonders hingezogen? Was macht Sie richtig glücklich?

Was machen Sie besonders gern?

Ein junger Mann in unserem Freundeskreis ist zwar Banker, aber in jeder freien Minute liegt er unter seinem Auto und schraubt und tut. Die Autofachzeitschriften stapeln sich im ganzen Haus. Ob er in der Bank so glücklich ist? Hat er je den Mut, seiner offensichtlichen Berufung zu folgen?

Haben Sie auch so ein intensives Hobby, das Sie eigentlich – ganz geheim – zum Beruf machen möchten? Haben Sie schon nachgedacht, ob es sich verwirklichen lassen könnte? Haben Sie mit Ihrem Mann, Ihrer Familie schon einmal darüber gesprochen? Oder sind es (noch) geheime Wünsche, »die sich ja doch nie verwirklichen lassen«?

Wie graben wir nun unsere Talente, unsere wahren Begabungen aus?

Vielleicht klingt es ein bisschen komisch, wenn ich sage: »Suchen Sie alte Fotoalben raus und beobachten Sie, was haben Sie in Ihrer Kindheit alles getan? Gab es da Dinge, die Sie voll begeistert haben?«

Haben Sie noch Spielzeug am Dachboden, das für Sie besonders wertvoll ist? Das Sie an alte, vergrabene Wünsche erinnert?

Schreiben Sie auf: Was wollten Sie immer schon werden? Was geistert immer wieder durch Ihre Gedanken? Das kann ein neuer Beruf sein, es können aber auch Projekte sein. Vieles lässt sich ja auch nebenberuflich machen und führt zur großen Zufriedenheit.

Barbara Sher rät in ihrem Buch: »Ich könnte alles tun, wenn ich nur wüsste, was ich will« (dtv, 2005), lange Listen zu schreiben, was man gerne tut. Auch einmal genau zu definieren: »Was tue ich bis jetzt schon gerne?«

Sieben nützliche Wege, wie Sie das finden können, was Sie wirklich gerne tun

1. Besuchen Sie alte Freunde aus der Jugendzeit und erzählen Sie sich gegenseitig, welche Träume und Ideen Sie damals hatten.
2. Durchstöbern Sie den Dachboden Ihres Elternhauses und den Ihrer Großeltern und lassen Sie sich treiben von den alten Gefühlen. Vielleicht finden sich alte Gegenstände, die Sie damals begeisterten und aus denen neue Ideen entstehen.
3. Veranstalten oder besuchen Sie Klassentreffen, Sie treffen alte Bekannte, die Ihnen vielleicht ebenfalls mit alten Erinnerungen

zu Ihren innersten vergessenen Wünschen helfen können. Ich habe mich damals auf einmal wieder ans Stoffdrucken erinnert, das mir momentan einen riesen Spaß macht.
4. Stöbern Sie in alten Heften und Zeichnungen, welche Projekte machten Ihnen am meisten Spaß? Waren es Recherchen oder Umfragen? Oder schrieben Sie die schönsten Aufsätze?
5. Welche Spiele waren Ihre absoluten Lieblingsspiele? Brettspiele, Verkleidungsspiele, Rollenspiele? Mein Wunsch ist immer noch, vielleicht einmal bei einem Laientheater zu spielen.
6. Was wäre Ihr momentanes Hobby, wenn Sie mehr Zeit hätten?
7. Stellen Sie sich vor, Sie haben drei Tage Zeit, nur Sie alleine, und es steht alles zur Verfügung, was Sie sich vorstellen können, was würden Sie tun? Segeln? Bergsteigen? Einen Roman beginnen? Einen Kindergarten gründen? Eine Firma gründen? Fortbildungen machen? Ihren Wünschen und Ideen sind keine Grenzen gesetzt.

Ich weiß, das ist harte Arbeit, aber es bringt Sie wieder näher zu sich selbst. Der Alltag ist so stressig, da vergessen wir uns oft selbst. Wenn ich an meine Tochter denke: Alles ist vorgegeben, um acht wartet das Büro, dann schnell nach Hause, kochen, Kinder abholen, Aufgaben kontrollieren, Kinder zum Training fahren, wieder holen und die Wäsche ... Wann hätte sie Zeit, einmal an sich zu denken? Es ist aber wichtig, dass auch sie etwas für sich tut!

Sicher hat jeder Mensch den Wunsch, auch das zu tun, was im Innersten verborgen ist und das Herz so richtig aufmacht! Meist ist es durch Alltag und Arbeit so vergraben, dass es gar nicht mehr vorhanden ist.

Meine Freundin Heidi hat mich erst kürzlich darauf aufmerksam gemacht: Wollten wir nicht immer unsere Kosmetika selbst herstellen? Jahrelang war das aus unserem Bewusstsein verdrängt. Nun schwappte es an die Oberfläche und bereichert unser Leben.

 **ÜBUNG**

Was macht Sie glücklich oder tun Sie gern?

WICHTIG

Wenn Sie alles aufgeschrieben haben, was Ihnen so eingefallen ist, dann nehmen Sie sich einen farbigen Stift zur Hand und zeichnen die Dinge nochmal besonders an, die Sie wirklich wirklich glücklich machen. Denn wir tun vieles ganz gern, aber es macht uns nicht automatisch glücklich. Auch wenn wir nicht zu 100 % immer nur Dinge tun können, die uns glücklich machen, so ist es wichtig, das genau zu wissen und den Anteil der Glücklichmacher zu erhöhen!

Was haben Sie schon besonders lange nicht gemacht, was vermissen Sie?

Verschiedene Lebensabschnitte prägen unser Leben. In den Jahren der Kindererziehung liegen unsere Interessen ganz woanders als zum Beispiel in der Teenagerzeit oder wenn wir dann wieder ins Berufsleben einsteigen. Wenn ich denke, wie viel Freude es mir machte, für meine Kinder zu nähen oder zu basteln. Was haben wir nur alles zusammen gemacht! Christbaumschmuck, malen, formen, töpfern, häkeln und stricken. Das hat sich in den harten, aber sehr interessanten Berufsjahren völlig verloren. Hier war es wichtig, eine Existenz aufzubauen. Erging es Ihnen ebenso?

Heute sind die Kinder groß und alte Ideen und Wünsche tauchen wieder auf. Ich schaue wieder genauer in die Schaufenster der Handarbeitsgeschäfte. Malstaffeleien ziehen meine Aufmerksamkeit an. Vielleicht vermissen Sie auch Dinge, die Ihr Leben einst bereichert haben und die immer noch so im Hinterkopf schwirren?

Talente, die Sie von Berufs wegen zurückgestellt haben?

Was fehlt Ihnen, was vermissen Sie in Ihrem jetzigen Leben? Sind Sie handwerklich begabt und möchten mal so richtig renovieren, mit allen Maschinen, die normal für Frauen gar nicht gedacht sind?

Haben Sie Talent, ein großes Fest zu organisieren? Vielleicht für einen guten Zweck?

Eine Freundin von mir organisiert immer wieder wirklich große Flohmärkte für verschiedene gemeinnützige Organisationen. Oder Sie gründen einen Verein?

Ist Kanufahren lernen ein Thema für Sie?

Eine Dame über 50 gründete eine Organisation für Frauen, die mit über 50 als Au-pair ins Ausland gehen.

Was hat Ihnen immer schon Freude gemacht, bei welchen Gelegenheiten sagten Ihre Freunde: »Na, mach da was draus, das kannst du echt gut!«

Was würden Sie ad hoc gerne machen?

Sich etwas wert zu sein, sich Freude zu machen, bezieht sich natürlich auch einfach darauf, was uns gut tut. Was würden Sie denn gerne machen? Einfach so?

Möchten Sie zu malen oder zu schreiben beginnen? Oder nebenbei Kurse in Stoffdrucken halten? Ein neues Hobby beginnen, endlich tanzen lernen? Vielleicht möchten Sie sich schon lange ehrenamtlich engagieren?

Trauen Sie sich, Neues auszuprobieren! Sie sind für nichts zu alt oder zu ungelenkig oder zu dumm! Gerade das, was wir sonst nie tun, offenbart oft erst unsere Talente und gibt uns besondere Erfüllung!

ÜBUNG

Finden Sie heraus: Was könnten Sie ad hoc sofort auch neben Ihrem Beruf machen?

- Schauen Sie sich in Ihrem Freundes- oder Kolleginnenkreis um, wen bewundern oder beneiden Sie, weil sie/er es schafft, nebenbei noch ihr/sein Hobby zu betreiben?
- Welches dieser »Kolleginnenhobbys« spricht Sie besonders an?
- Überlegen Sie, wo »verplempern« Sie Zeit, die Sie viel besser für Ihre Wünsche nützen könnten. Ein großer Zeiträuber ist bei mir z. B. der Fernseher. Vielleicht ist es bei Ihnen die Nachbarin, die sofort auftaucht, wenn Sie nach Hause kommen?
- Überlegen Sie, was könnte Sie begeistern und lässt sich mit Familie und Beruf trotzdem ad hoc machen, zum Beispiel:
    - ☐ ein Spezialitätenkochkurs
    - ☐ Linedance, sehr lustig und man braucht keinen Partner
    - ☐ eine Sprache lernen
    - ☐ schwimmen gehen
    - ☐ Kurzgeschichten schreiben
    - ☐ Trachtennähkurs besuchen
    - ☐ Fitness- und Aerobic-Training
    - ☐ interessante Vorträge besuchen

- ☐ ein Instrument lernen
- ☐ singen in einem Chor
- ☐ Astrologie lernen
- ☐ eine Mütterrunde gründen
- ☐ einen Computerkurs buchen
- ☐ schöne Gärten besuchen
- ☐ einfach einen Sommerabend in einem schönen Gastgarten genießen

Lauter schöne Vorschläge, die sicher nicht nur in Ihrem Kopf manchmal herumschwirren. Ja, wenn man dafür Zeit hätte! Die Frage ist, WARUM haben Sie nicht Zeit? Es ist mir klar, dass solche Unternehmungen nicht täglich möglich sind. Aber einmal in der Woche? Haben Sie den Mut, einen Abend in der Woche für sich zu fordern? Einmal in der Woche ein Kindermädchen, den Partner oder eine Oma zu bitten, dass sie Ihren Part übernimmt? Oder gehören Sie zu den Frauen, die glauben, ohne sie steht die Mühle? Ich glaube, dass es auch Kindern sehr gut tut, eine selbständige und freudig gestimmte Mama zu haben.

Warum trauen Sie sich nicht, Ihre Wünsche kundzutun? Haben Sie Angst, als Egoistin abgestempelt zu werden?

Kürzlich erhielt ich ein E-Mail von einer 43-jährigen Frau, die sich nicht zu Vorträgen gehen traut, weil Ihre Eltern, die im selben Haus wohnen, die Überzeugung haben: »Eine anständige Frau hat keine Hobbys und keine anderen Interessen als Mann und Kinder!« Sie hat jedes Mal Schuldgefühle, irgendetwas zu unternehmen, aus Angst vor den Bemerkungen ihrer Eltern. Solche alten Zöpfe könnte man denken, doch sie finden sich in der Praxis immer und immer wieder.

Überprüfen Sie genau Ihr Gefühl: Was hält mich ab, meine Wünsche, die durchaus ad hoc möglich wären, immer wieder zu verschieben oder mit fadenscheinigen Gründen abzusagen. Seien Sie mutig, rufen Sie an, melden Sie sich gleich zu dem Kurs, der Sie schon so lange interessiert, an. Heute noch!

Und wenn Sie kleine Kinder haben, bitten Sie Ihren Mann oder die Oma sehr bestimmt um Unterstützung.

Was sind Ihre zehn sehnlichsten Wünsche?

In den Wünschen liegt unsere Kreativität. Wenn wir keine Wünsche mehr kreieren, findet nur mehr Alltag statt. Denken Sie an Kinder, die kommen täglich mit tausend Ideen. Wo sind Ihre Ideen geblieben? Fangen Sie an, Ihre Ideen wieder auszugraben, sie machen das Leben bunt und holen die Gedanken auf eine freudvolle Ebene.

Immer wieder fällt mir die Geschichte einer Seminarteilnehmerin ein, die mit über 70 Jahren erzählte, dass sie sich jeden Abend ein »Luftschloss« baut. Sie stellt sich jeden Abend ihr Leben in den schönsten Farben vor. Uns blieb der Mund vor Staunen offen. Und wie geht es ihr dabei? Viel besser als ihren Freundinnen. Sie nennen sie die Träumerin. Sie lacht nur darüber! Und sie hat recht, hat hundertmal recht! Instinktiv gibt sie damit ihrem Leben viel mehr Qualität und Gesundheit.

Ich frage Sie ganz konkret: Was sind IHRE zehn sehnlichsten Wünsche?

....
....
....
....
....
....
....
....
....
....

Überprüfen Sie immer wieder Ihr Gefühl: Hüpft das Herz, freut sich die Seele, können Sie sich vor Begeisterung kaum retten? Dann sind Sie richtig!

III.

SELBSTVERTRAUEN

Wenn Sie das zweite Kapitel durchgearbeitet und besonders die Antihascherl-Tipps beherzigt haben, wissen Sie um Ihren Selbstwert. Die Schwester des Selbstwerts ist das Selbstvertrauen. Je mehr Sie sich Ihres Selbstwertes bewusst sind, desto höher Ihr Selbstvertrauen – und je mehr Sie aktiv an Ihrem Selbstvertrauen arbeiten, desto mehr steigt Ihr Selbstwert.

Selbstvertrauen sagt ja schon: Ich soll »mir selbst vertrauen«! Der Grundstein für unser Selbstvertrauen wird in der Kindheit gelegt. Vielleicht hatten Sie Glück und wurden immer in Ihrem Selbstvertrauen gestärkt, wurden geliebt und gelobt. Leider hören viele von uns schon im Kleinkindalter Aussagen wie »Mach dies nicht, da bist du zu klein«, »Lass die Finger von …, das kannst du nicht« oder sogar »Stell dich nicht so blöd an!«, »Bis du das begreifst, hab ich es hundertmal selbst gemacht!«. So wurde das angeborene Selbstvertrauen kontinuierlich untergraben. Dazu kommen alle Erfahrungen, die wir in unserem Leben so gemacht haben: im Beruf, mit Freunden, in der Familie, mit eigenen Entscheidungen …

Die wunderbare Nachricht ist: Auch wenn Ihr Selbstvertrauen momentan noch etwas schwach auf der Brust ist, so muss das auf keinen Fall so bleiben! Sie können sich jederzeit verändern und wachsen.

SELBST-CHECK
Haben Sie genug Selbstvertrauen?

Machen Sie den Test: Nachfolgend finden Sie zehn Aussagen zu Ihrem Selbstvertrauen. Bitte lassen Sie sich die Aussage ein wenig durch den Kopf gehen und schätzen Sie sich dann auf einer Skala von »10« (sehr viel Selbstvertrauen) bis zu »1« (noch eher wenig Selbstvertrauen) ein. Antworten Sie ganz ehrlich und seien Sie nicht überrascht oder enttäuscht, wenn Sie Kreuzchen am unteren Ende der Skala machen! Es geht um eine ehrliche Bestandsaufnahme.

				Ich schaffe alles, was ich mir vornehme.						
sehr viel Selbstvertrauen	10	9	8	7	6	5	4	3	2	1	noch eher wenig Selbstvertrauen

				Ich spreche unbekümmert fremde Menschen an.						
sehr viel Selbstvertrauen	10	9	8	7	6	5	4	3	2	1	noch eher wenig Selbstvertrauen

				Es amüsiert mich, wenn ich merke, dass andere Menschen über mich reden oder mich »mustern«.						
sehr viel Selbstvertrauen	10	9	8	7	6	5	4	3	2	1	noch eher wenig Selbstvertrauen

				Ich vertraue immer darauf, dass ich alles habe, was ich brauche.						
sehr viel Selbstvertrauen	10	9	8	7	6	5	4	3	2	1	noch eher wenig Selbstvertrauen

				Ich glaube immer das Gute zuerst.						
sehr viel Selbstvertrauen	10	9	8	7	6	5	4	3	2	1	noch eher wenig Selbstvertrauen

Ich bin stolz auf meine Leistungen.										
sehr viel Selbstvertrauen	10	9	8	7	6	5	4	3	2	1	noch eher wenig Selbstvertrauen

Ich vertraue meinem/n Partner/Kindern.										
sehr viel Selbstvertrauen	10	9	8	7	6	5	4	3	2	1	noch eher wenig Selbstvertrauen

Ich verlasse sorglos das Haus, wird schon nichts passieren.										
sehr viel Selbstvertrauen	10	9	8	7	6	5	4	3	2	1	noch eher wenig Selbstvertrauen

Ich freue mich über jedes Lob.										
sehr viel Selbstvertrauen	10	9	8	7	6	5	4	3	2	1	noch eher wenig Selbstvertrauen

Ich finde mein Leben sehr entspannt.										
sehr viel Selbstvertrauen	10	9	8	7	6	5	4	3	2	1	noch eher wenig Selbstvertrauen

Wahrscheinlich wird keine von uns alles mit »10« bewerten. Doch es lohnt sich, darüber genauer nachzudenken: In welcher Facette meines Selbstvertrauens bin ich schon sehr selbstbewusst und sicher – und wo komme ich bisher noch etwas ins Wanken.
Warum ist das so? Was befürchte ich?

Hatten Sie beim Ankreuzen einige Male das Gefühl, dass Sie »früher« anders geantwortet hätten? Dann nehmen Sie bitte einen Farbstift zur Hand und gehen die zehn Aussagen noch einmal durch und zeichnen Sie ein, wo Sie sich früher eingeordnet hätten.

Haben Sie sich aktuell eine schlechtere Bewertung gegeben als »früher«?

Auf den ersten Blick könnte das demotivieren, doch Tatsache ist: Diese Person mit dem größeren Selbstvertrauen steckt nach wie vor in Ihnen! Das Leben prägt. Manchmal nimmt es uns sehr mit und unser Selbstvertrauen erleidet etwas Schaden. Wichtig zu wissen, dass dieses Selbstvertrauen bereits da war, es will also nur aktiviert werden. Fragen Sie sich: Was ist heute anders? Was hat dazu geführt, dass ich in dieser Beziehung nicht mehr so vertrauensvoll und selbstsicher bin?

Haben Sie sich aktuell eine bessere Bewertung gegeben als »früher«?

Auch das kommt häufig vor: Wir entwickeln uns, wir werden stärker – aber weil wir uns ja so gut kennen und jeden Tag miteinander verbringen, fällt uns das oft gar nicht auf. Erst recht, wenn Sie dazu neigen, eher das an sich zu sehen, was noch nicht so läuft, wie Sie sich das wünschen. Eine schöne Gelegenheit, einmal festzustellen: »Schau an! Früher hätte ich das niemals so gesehen, damals war ich noch ...« Nehmen Sie Ihre Entwicklung wahr und seien Sie stolz auf sich.

ANTIHASCHERL-TIPP

Wenn Sie die zahlreichen Tipps hier im Buch wirklich aktiv anwenden, werden Sie feststellen, dass sich diese Arbeit an sich selbst ganz schnell auszahlt! Machen Sie diese kleine Bestandsaufnahme doch einfach jedes halbe Jahr oder Jahr und staunen Sie, wie sich Ihre Einschätzung verändert.

Ihr Selbstvertrauen sitzt im Bauch

Selbstvertrauen wohnt im Bauch. Eine Studie besagt ja, dass wir im Bauch ein zweites Gehirn haben. Unsere Darmschlingen ähneln vom Aussehen sehr unserem Gehirn. Dem sogenannten »Bauchgehirn«. Nun ist es Ihnen sicher auch schon passiert, dass der »Bauch« etwas anderes sagt als der Kopf. Wem soll man hier vertrauen? Im Kopf wohnt der Verstand, der eine wichtige Rolle spielt, ist er doch der, der abwägt, der die Pros und Kontras herausfiltert und der versucht, mit »Vernunft« das Richtige zu finden.

Im Bauch wohnt das Gefühl, das auch sein Mitspracherecht fordert. Denn ohne Gefühl, nur mit Vernunft geht ein Projekt meist nicht gut.

Aber es gibt ja noch eine Schnittstelle, die Bauch und Verstand an einen Tisch bringen sollte. Das Herz. Hier laufen die Fäden zusammen und letztendlich sollten Entscheidungen mit Herz getroffen werden. Wenn Herz, Hirn und Bauch zusammenarbeiten, wächst das Selbstvertrauen und Sie werden einfach spüren, diese Entscheidungen sind rund, sind stimmig und erfolgreich.

Stellen Sie sich vor, es wird Ihnen eine Stelle in einem großen Konzern angeboten. Sie verdienen dort mindestens 500 Euro mehr. Sie wissen aber, das Betriebsklima ist stressig und kalt. In Ihrer jetzigen Firma verdienen Sie zwar weniger, aber Sie sind angenommen, man vertraut Ihnen, Sie sind eingebettet in einem netten Kollegenkreis.

Wie reagiert Ihr Inneres?

Der Verstand sagt: »Mehr Geld. Eine große Chance. Sofort zugreifen!«

Der Bauch könnte sagen: »Vergiss aber nicht, sooo nett hast du es dort nicht! Hier kennst du dich aus, hier mag man dich!«

Nun fragen Sie noch Ihr Herz. Bei welchem Angebot schlägt das Herz schneller? Wenn Sie an die neue Herausforderung denken? Oder wenn Sie an Ihren jetzigen »familiären« Platz denken?

Natürlich ist es nicht immer so einfach. Es gibt ja den schönen Begriff »hasenherzig«. Die meisten von uns haben gelegentlich ein Hasenherz, sind schüchtern, trauen sich etwas nicht oder bekommen zitternde Knie. Ganz besonders, wenn wichtige Entscheidungen anstehen. Je mehr das zutrifft, desto weniger können wir spontan unserer Intuition vertrauen. Denn auch unser Bauchgefühl und das, was uns unser Herz sagt, sind natürlich von unserem Selbstvertrauen geprägt. Je unsicherer Sie sind, desto eher sagen beide »Vorsicht, mach das nicht!« – Und es wäre natürlich falsch, unter diesen Umständen bedingungslos auf Ihren Bauch und Ihr Herz zu hören. Manchmal hält uns dieses Gefühl nämlich auch klein. Wachstum und mehr Selbstvertrauen bedeuten, aus unserer Komfortzone herauszukommen. Und das erfordert immer auch Mut.

Die gute Nachricht: Sie kennen sich selbst am besten! In der Regel wissen wir, wenn uns der Bauch oder das Herz vor etwas warnt, weil wir in Wirklichkeit unsicher sind. Nutzen Sie hier den Verstand und hinterfragen Sie: »Mein Bauch sagt also ...? Warum?« oder »Mein Herz möchte es gerne machen, aber ich habe dennoch ein ungutes Gefühl. Inwiefern?« Der Kopf spielt sozusagen Übersetzer. Sie können Ihr Gefühl in Worte fassen und damit jede Situation klarer meistern. Vor allen Dingen aber kommen Sie Ihren natürlichen Schutzpanzern auf die Schliche, die einen wichtigen Zweck erfüllen, uns aber manchmal auch klein halten.

Mein Schutzpanzer und ich

Das Gefühl »Hier brauche ich Schutz« kennt in irgendeiner Form wohl jede von uns.
Wann habe ich das Gefühl, ich muss mich schützen?
- Meist wenn eine ungeklärte, ungute Situation entsteht.
- Wenn ich glaube, jemandem nicht gewachsen zu sein.
- Wenn ich Angst vor einer Konfrontation habe.
- Wenn ich mich angegriffen fühle.
- Bei nicht berechtigter Kritik.
- Wenn ich mich unsicher fühle.
- In Gesellschaft mit unbekannten Menschen.
- Bei Mobbing im Büro.
- Bei Generationsproblemen im Haus.
- Oft auch bei Elternsprechtagen.
- Vor der nervenden Nachbarin.

Sie kennen die Situationen, in denen Sie sich einen Schutzpanzer zugelegt haben, nur zu gut! Wie kann ein solcher Schutzpanzer nun aussehen? Auch hier gibt es unzählige Möglichkeiten. Jeder Mensch hat seine eigene Methode sich, oft sogar unbewusst, zu schützen.
Schutzpanzer, von der sogar die Psychologie spricht, sind:

- Dick sein. Ich baue einen Panzer aus Fett um mich auf.
- Sich komplett zurücknehmen, das geht so weit, dass manche Menschen nicht mehr aus dem Haus gehen.
- Den anderen die Schuld für alles geben.
- Cholerisch andere beschimpfen.
- Schweigen – einfach nicht reagieren.
- Allergisch auf jemanden reagieren.
- Auf alle Fälle dem anderen recht geben (Dann kann mich niemand angreifen!).

Schutzpanzer erfüllen ihren Zweck. Sie schützen uns vor etwas. Im Idealfall nehmen sie uns Angst und geben uns Zuversicht.

Ein Beispiel: Wir haben ja schon gesprochen, dass wir leicht die Meinung von anderen Menschen übernehmen. Und genau das machen wir ständig auch mit Gedanken anderer, natürlich unbewusst. Sicher ist Ihnen das auch schon einmal passiert: Sie gehen jemanden besuchen, vielleicht die Oma, sind bester Laune. Kaum sind Sie ein paar Minuten dort, wechselt Ihre Laune von gut auf besorgt oder leidend. Was ist nun passiert? Sie haben die Gedanken und Energie Ihrer Oma übernommen. Ist ja nicht schlimm, wenn Ihnen das bewusst ist und Sie es sofort bemerken und sich klarmachen: Halt, das bin momentan nicht ich. Ich bin im Energiekreis der Oma, HALT! Genauso kann es Ihnen bei größeren Menschenmengen gehen. Sie können sich also in einer Menschenmenge vorstellen, dass um Sie herum genug Platz ist und dass Sie ganz bewusst keine Energie von anderen annehmen.

Andere wirksame Schutzpanzer können Sie mit Glaubenssätzen aufbauen, zu denen wir später noch kommen.

Die Kehrseite von Schutzpanzern ist aber auch, dass wir uns überbeschützen und nicht mehr richtig am Leben teilnehmen. Sie schneiden sich von schönen Dingen ab und halten sich selbst klein, einfach weil Sie aus Angst und Unsicherheit nicht mehr über Ihren Schutzwall blicken.

Vielleicht denken Sie jetzt, na, damit kann ich ja gar nichts anfangen, wo soll ich denn einen Schutzpanzer haben?

Mechanismen, uns zu schützen, sind automatisch in uns eingebaut.
- Denken Sie nur, wenn Sie jemandem begegnen, den Sie partout nicht ausstehen können. Vielleicht wechseln Sie dann ganz intuitiv die Straßenseite, weil sie diesem Menschen »automatisch« aus dem Weg gehen. Eine Funktion unseres eingebauten Schutzes.
- Sie sind bei einer Geschäftseinladung und fühlen sich überhaupt nicht wohl. Ihre vor der Brust geschränkten Arme zeigen deutlich: »Lasst mich in Ruhe!« Auch eine Aktion Ihres Inneren, Sie zu schützen.
- Ein Stein in Ihrer Hosentasche, bekommen von einer lieben Freundin, hat ebenfalls eine Schutzfunktion. Denken Sie an die Gebetssteine oder die Gebetsmühlen, die Schutz bieten sollen.

Beobachten Sie sich, finden Sie heraus: »Wo fühle ich mich wohl, wie verhalte ich mich, wenn ich mich geliebt und anerkannt fühle? Bin ich dann frei und spreche frei von der Leber weg?«

Wie verhalte ich mich, wenn ich ängstlich und unsicher bin?
Und vor allen Dingen, wie kann ich es ändern?
- Sie begegnen jemandem, bei dem Sie denken: »Oh Gott, warum passiert mir das, wo ist das nächste Mauseloch?« Tun Sie es nicht! Laufen Sie nicht davon! Straffen Sie die Schultern und auf geht's, schauen Sie nach vorne, starten Sie Ihr inneres Lächeln und DURCH! Sie werden sehen, Sie schaffen das. Und dann atmen Sie tief durch und klopfen sich auf die Schulter! Geschafft, ich habe es tatsächlich geschafft.
- Wenn Sie wieder einmal bemerken, dass Sie sich als graues Mäuschen fühlen und mit vor der Brust verschränkten Armen alleine in einer Ecke stehen, dann geben Sie sich innerlich einen Stoß! Hey, ich gehöre ebenfalls zu dieser Gesellschaft! Starten Sie los, direkt zum Buffet. Lächeln Sie und schauen Sie in die Runde. Niemand beißt sie, niemand will Ihnen Böses. Genießen Sie es, dass Sie es geschafft haben,

diese Ecke zu verlassen, und dass Sie an Buffet gekommen sind. Fragen Sie Ihren Buffetnachbarn, welche Schmankerl er anzubieten hat. Sie werden sehen, Sie sind mächtig stolz auf sich selbst.

Wenn Sie es erst einmal geschafft haben, dann wird es von Mal zu Mal leichter.

 ÜBUNG
Raus aus dem Schneckenhaus

Unsicherheit und wenig Selbstvertrauen sind die idealen Voraussetzungen, sich ins Schneckenhaus zurückzuziehen. Und ich weiß, dass es sehr schwierig ist, da wieder rauszukommen. Kränkungen, Verletzungen, Gefühle, wie sich nicht anerkannt zu fühlen, sitzen tief. Und irgendwie ist es ja gemütlich, im Schneckenhaus seine Ruhe zu haben.

Aber wollen Sie das wirklich? Nicht so richtig am Leben teilhaben, nur weil Sie Kränkungen fürchten oder sich in Gesellschaften unsicher fühlen?

Wir sind auf der Welt, um glücklich zu leben. Mag schon sein, dass Sie sich im Schneckenhaus glücklich fühlen, einfach, weil Sie nichts dazu tun müssen und Sie auch in gewisser Weise nicht angreifbar sind.

Aber bedenken Sie: Schneckenhäuser sind klein und werden leicht zusammengetreten. Was dann? Dann landen Sie in der Wirklichkeit! Es ist einfach besser, sich gleich den Aufgaben unserer Welt zu stellen. Es ist einfach besser, einmal zu sagen: »Da bin ich schrecklich nervös, kannst du mir bitte dabei helfen?« Oder einfach zuzugeben: »Diese Materie ist einfach nicht meine, kannst du das für mich übernehmen?« Niemand ist Ihnen böse, wenn Sie zu sich stehen und um Hilfe bitten. Viele Menschen wählen auch die Schneckenhausvariante, um nicht verletzt zu werden. Sie nehmen banale Aussprüche vom Partner sofort persönlich, fühlen sich angegriffen. Zum Beispiel sagt mein Mann zu mir: »*Glaubst du wirklich, dass diese Aktivität was bringt?*« Mich spornt eine solche Aussage an, zu zeigen, ich hab recht. Eine Klientin meint dazu: »*Um Gottes*

Willen, das sagt Ihr Mann? Der erkennt ja Ihre Leistung nicht an, das würde ich nicht aushalten!« Sie sehen, schon wieder gibt es zwei Seiten, eine banale Aussage zu interpretieren. Und wer von den Zweien macht sich das Leben schwerer? Leicht zu sehen, oder?

Warum würde es die Dame nicht aushalten? Weil sie es sofort auf sich bezieht, weil sofort das Gefühl auftaucht: Ich bin ihm nichts wert. Weil sie kein Selbstvertrauen hat!

Darum ist es so wichtig, kontinuierlich Selbstbewusstsein und Selbstvertrauen aufzubauen.

Immer wieder überlegen: Haben solche Aussagen mit mir persönlich zu tun? Bin ich gemeint? Und sagen Sie sich immer wieder: Ich nehme solche Aussagen einfach nicht mehr persönlich.

Wagen Sie sich einfach raus aus dem Schneckenhaus, Sie werden sehen, das Leben ist lebenswerter, mit Mut und Selbstbewusstsein.

Glaubenssätze machen uns das Leben schwer – oder leicht

Glaubenssätze sind Einstellungen, die in uns, in unserem Kopf so fest verankert sind, dass sie über unser Leben herrschen. Glaubensmuster wirken jahrelang völlig unbewusst, weil wir es ja nie anders kannten.

Glaubenssätze bestimmen manchmal unsere Lebensführung in ganz praktischen Alltagsfragen. Zum Beispiel »Am Montag ist Waschtag.« Mutter hat ja auch immer am Montag gewaschen. Nur bei der Mutter war das noch eine Riesenaktion! Heute kann man täglich waschen oder wenn eine Maschine voll wird.

Glaubenssätze hemmen uns am meisten in unserer Persönlichkeit.

Kennen Sie solche Sätze wie:
- Das hast du noch nie geschafft!
- Aus dir wird nie etwas!
- Was Hänschen nicht lernt, lernt Hans nimmermehr.
- Du kannst ja nicht kochen, da wirst du nie einen Mann bekommen.

- Dich wollte ja sowieso niemand.
- Du bist ja zu allem zu blöd.
- Männer wollen ja sowieso immer nur das eine.
- Das ist halt so in meinem Alter.
- Im Hirn werde ich auch immer blöder.

»Nehmen's eh nicht ab?«, war der Standardsatz der Krankenschwestern, wenn ich zufällig wieder einmal einen Besuch im Krankenhaus machte. »Stämmig und rund, für die Krankenschwestern – gesund«. Sie hatten immer Angst, wenn ich abnehme, könnte es wieder Krebs sein. Und das saß bei mir fest. Immer wenn ich drei, vier Kilos verlor – bumm, da war es wieder: »Nimmst eh nicht ab?« Ich wusste das und konnte mich trotzdem nicht befreien. Und so geht es nicht nur mir.

Sicher haben auch Sie schon solche alten Muster entdeckt, die Ihnen den Alltag schwer machen. Oder besser gesagt, von denen Sie sich das Leben schwer machen lassen.

Denken Sie daran: Alles im Leben hat zwei Seiten. Dunkel – hell, oben – unten, Tag – Nacht, außen – innen. Dasselbe gilt auch für unsere Gedanken. Ich kann meine Welt in Sorgen und Angst sehen oder ich sehe die andere Seite, das Gute in der Welt. Sie sind es, die sich bewusst machen kann, auf welcher Seite Ihre Gedanken momentan sind. Möchte ich das oder bemühe ich mich, dass meine Gedanken eine andere Richtung einnehmen? Es gibt nun mal zwei Seiten und ich wähle, welche Seite ich nehme.

Dabei gibt es natürlich die vielen Zwischentöne, eine Vollmondnacht ist nicht ganz dunkel und ein bewölkter Tag nicht ganz hell. Auch trotz der Kraft der Gedanken wird es »bewölkte« Tage geben, aber im Innersten wissen Sie, es gibt sie, diese Kraft, mit der Sie Ihr Leben in helle Tage verwandeln.

Wir haben in diesem Buch schon oft von unserer Gedanken- und Vorstellungskraft gesprochen. Die ist hier in hohem Maße gefragt. Immer noch nützen wir unsere angeborenen Kräfte viel zu wenig. Dass es funktioniert, bestätigen inzwischen viele Studien. Die besten Beweise liefern die Sportler, die schon lange mit Mentaltraining geschult werden.

»Muster im Kopf – Wir sind, was wir denken«, schreibt der Wirtschaftsautor Friedhelm Schwarz. Wir sind es nicht gewöhnt, ‚uns beim Denken zuzuschauen'. Genau das ist das Geheimnis. Was haben Sie die letzten Minuten gedacht? Sie wissen es nicht? Das ist ganz normal. Viele Menschen tragen ständig einen Notizblock bei sich, um »Geistesblitze« sofort zu notieren. Denn die guten Ideen sind auch in diesen oft unbeobachteten Gedanken verborgen. Einfall heißt ja Ein-Fall, es fällt uns etwas ein. Und da sollten wir wachsam werden, uns genauer beobachten, unsere Gedanken besser sortieren.

Viel zu oft hängen wir in alten Gedanken fest, kleben gedanklich an alten Ereignissen, die nicht mehr änderbar sind. »Ja, wenn mein Mann damals mich nicht so beherrscht hätte, wäre ich ….« Dieses »Wenn und wäre« sind alles Energien, die uns nur behindern und nicht wachsen lassen. Es ist ganz leicht, die Schuld anderen zuzuschieben. Wenn Sie ganz ehrlich darüber nachdenken, müssen Sie sich eingestehen, dass letztendlich **Sie** sich so entschieden haben. Natürlich spielt es eine Rolle, wenn Sie jemanden in Ihrer Nähe haben, der Ihr Vorhaben partout nicht gutheißt. Sind Ihre Motivation und Ihr Wunsch aber groß genug, kann niemand, überhaupt niemand, Sie davon abhalten. Jetzt im Nachhinein darüber zu jammern, bringt nichts, es ist vorbei.

So hängen wir auch an alten Mustern, wie beispielsweise »Dich wollte ja sowieso niemand«. Natürlich ist es mehr als tragisch, wenn Sie mit so einer Aussage groß geworden sind. Andererseits haben Sie bereits stattliche Jahre damit geschafft, also müssen Sie eine starke Persönlichkeit sein.

Hinderliche Muster – mit Ihnen nicht mehr!

Doch nun sollten Sie endlich diese hinderlichen alten Muster hinter sich lassen. Machen Sie sich bewusst, dass Sie es sind, die Ihre Gedanken steuert. Natürlich bringen Sie so »eingebrannte« Muster nicht von heute auf morgen weg. Aber denken Sie immer, sie sind gekommen, also können sie auch wieder gehen.

Jedes Mal, wenn so ein Muster auftaucht, lächeln Sie in sich hinein und denken: »Ah, da schau her, es versucht schon wieder mich runterzuziehen, nicht mit mir, meine Liebe, ich weiß, dass ich das schon lange überwunden habe. Schau mir doch zu, ich lebe doch schon ganz anders.« Oder wenn die Stimme in Ihnen sagt: »Das gehört sich nicht, rede hier nicht mit!« Nach dem kurzen Moment, wo Ihnen klar wird, schon wieder ein altes Muster, fragen Sie einfach zurück: »Und warum nicht? Wer sagt das?« Meist fällt Ihnen sofort ein, wer das immer zu Ihnen sagte. Ein Mensch, der selbst total unsicher war und auch nur das sagte, was er von zu Hause übernommen hat.

Doch wir sind erwachsen und aufgerufen zu überdenken, was wir von zu Hause mitnehmen und was nicht. Jeder Mensch wurde erzogen, so gut, wie die Eltern es eben konnten. Sie gaben uns sicher das Beste mit, manchmal ist dieses Beste eben nicht das Richtige für uns.

Ich freue mich immer, wenn ich junge Leute sehe, die sich Vorbilder suchen, die schon merken, es gibt mehr als das, was wir von zu Hause mitbringen. Eltern sagen sich dann ganz erstaunt: »Von mir hat sie das nicht!« So ändern sich dann langsam die Gedanken und das Bild, das Sie bisher von sich hatten. Sie erkennen auf einmal, wie gut Sie das Leben schon meistern und wie Sie es weiter verändern können. Es ist eine spannende und lohnende Aufgabe, sich beim Denken zuzuschauen, und die Erfolge erfreuen und öffnen das Herz.

💡 ANTIHASCHERL-TIPP

Führen Sie ein kleines Büchlein und schreiben Sie ein, »das Muster ‚Das kannst du nicht' heute dreimal bemerkt und umgewandelt. Ich weiß inzwischen, dass ich alles kann, was ich mir wirklich wünsche.« So machen Sie Ihrer Gedankenwelt immer wieder bewusst, dass Sie auf einem neuen Weg sind.

Überlegen Sie, was möchten Sie in Ihr Leben ziehen?

ÜBUNG
Tauschen Sie die alten Glaubenssätze aus gegen neue

Alter Glaubenssatz	Neuer Glaubenssatz
Arbeit muss halt mal sein.	Ich erfreue mich täglich an meiner Arbeit.
Ich habe immer Stress.	Ich komme täglich mehr in meine Mitte.
Bei mir geht alles schief.	Es geht mir jeden Tag besser und immer besser.
Mich mag ja sowieso keiner.	Ich bin es wert, geliebt zu werden.
Es wird einem nichts geschenkt im Leben.	Ich liebe das Leben und das Leben liebt mich.
Das Leben bietet keine Perspektive.	Ich erkenne meine Möglichkeiten und nutze sie.

Überlegen Sie genau, wo Ihre hinderlichen alten Glaubenssätze sind, und kreieren Sie weitere neue Glaubenssätze für ein glücklicheres Leben.

Stärkende Glaubenssätze in Alltagssituationen

Bisher haben wir von verinnerlichten, mitgebrachten Glaubenssätzen gesprochen. Natürlich sind wir alle sehr gut darin, auch neue Gedankenmuster zu kreieren, die uns hindern und uns Ziele nicht erreichen lassen.

Zum Beispiel dachte ich oft: »Ah, da brauchst du gar nicht anzurufen, das wird sicher nichts!« Habe ich mich dann doch überwunden, war ich sehr erstaunt, wie positiv die Menschen reagiert haben. Vielleicht haben Sie auch schon einmal an eine Gehaltserhöhung gedacht und gleichzeitig resignierend vermutet: »Wahrscheinlich gibt mir der Chef eh nicht mehr Geld!« Viel besser wäre sich vorzustellen: »Ich bin gut und das wird dem Chef sicher eine Lohnerhöhung wert sein!«

Eine liebe Bekannte sagt schon vor der Party: »Wahrscheinlich hält man mich für total langweilig, ob das was ist für mich?« Dabei brennt sie darauf, dabeizusein. All das hemmt unsere Freude und unsere Energie. Sie sollten solche Muster neu überdenken und dort Ihre Energie hinlenken, so wie Sie es gerne hätten.

> **WICHTIG**
> **Wo Sie Ihre Aufmerksamkeit hinlenken, das wächst**

Bei negativen Glaubenssätzen sind Sie in Gedanken immer auf die Dinge gelenkt, die Sie eigentlich gar nicht haben möchten, und geben unnötiger Weise Ihre Energie her. Das bedeutet zudem: Sie konservieren ungute Rahmenbedingungen und kommen noch schwerer davon weg.

Lenken Sie jedoch Ihre Gedanken und damit Energie auf Dinge, die Sie im Leben haben möchten, passiert genau das Umgekehrte: Sie fokussieren sich auf das Gute, das Leichtere. Das macht Sie kraftvoller und Sie kommen leichter von hemmenden Glaubenssätzen und Lebensumständen weg.

Eigentlich ganz logisch, oder? Die gute Nachricht: Es wird immer leichter, je mehr Sie es sich bewusst machen. Es ist wirklich erstaunlich, wie oft ich, die ich mich schon über 20 Jahre mit der Materie befasse, zu mir sage: »STOPP Edeltraud, wie denkst du schon wieder von dir selbst?!« Sie sehen, man lernt einfach nicht aus.

Und bitte glauben Sie nicht, dass sich alles von heute auf morgen ändert. Sie haben diese Glaubenssätze so lange Jahre »gehegt und gepflegt«. Ihr Bewusstsein leistet Schwerarbeit beim Umprogrammieren. Lassen Sie sich Zeit und freuen Sie sich über jeden kleinen Erfolg.

Denken Sie an das kleine Büchlein, in dem Sie Ihre Erfolge dokumentieren. Daran können Sie sich freuen und immer wieder kontrollieren, was Sie schon geschafft haben.

Nehmen Sie Raum ein, nicht nur im Raum …

Über unseren Platz in der Wohnung haben wir in Kapitel zwei schon gesprochen. Jetzt geht es darum, ob Sie sich den RAUM gönnen, der Ihnen zusteht. Denn auch die Umgebung drückt unser Selbstvertrauen aus und kann es zusätzlich stützen.

Wie schaut Ihr Arbeitsplatz aus? Damit meine ich den Schreibtisch genauso wie den Bügeltisch.
- Ist Ihr Arbeitsplatz Ihrer würdig?
- Fühlen Sie sich richtig wohl in Küche, Arbeitszimmer, Büro?
- Oder hat man Ihren Arbeitsplatz in eine Ecke versteckt, wo Sie alle Mühe haben hinzukommen und wo die Arbeit schon deswegen keinen Spaß macht.
- Können Sie **Ihren Raum** einnehmen? Das heißt: Trauen Sie sich zu sagen: »Eigentlich würde ich hier gern sitzen!« Oder: »Von 14–16 Uhr möchte ich meine Ruhe haben!«
- Schaffen Sie sich genug Raum?
- Und wenn Sie genug Raum haben, können Sie es genießen?

»Ich habe einfach keinen Platz in unserer Wohnung!«, klagt eine Bekannte. Eine Wohnung, zwar mit Kinderzimmer, das aber ein Büro wurde. Die Kinder im Schlafzimmer, die Eltern schlafen im Wohnzimmer, alles wird einfach zu klein. Am meisten leidet die Hausfrau, die nun überhaupt keinen privaten Platz mehr findet. Und das mit Körperfülle ausgleicht. Wenn sie keinen Platz mehr hat, muss sie »breiter« werden, damit sie »Raum gewinnt«!

Es ist total wichtig, dass wir Raum einnehmen, dass wir präsent sind. Gehen Sie in Gedanken Ihre Plätze durch! Sind Sie mit allen einverstanden? Haben Sie einen gemütlichen Platz in der Wohnung, wo jeder weiß, der gehört NUR Ihnen?

Unsere Tochter kam nach einigen Jahren, in denen sie auswärts arbeitete, wieder nach Hause, um unser Geschäft zu führen. Wie selbstverständlich nahm sie in unserer Wohnung ihren Raum ein, obwohl sie im 1. Stock ihre eigene Wohnung hatte. Wie selbstverständlich saß sie auf meinen Lieblingsplätzen. Ich habe mich gewehrt, denn es war ja unsere Wohnung. Sie war Gast. Natürlich macht es nichts, wenn manchmal jemand meinen Platz okkupiert, aber es darf keine Selbstverständlichkeit werden.

Hat Ihr Arbeitsplatz genug Luft und ist er mit Atmosphäre ausgestattet? Hat er einen Bürosessel, der Ihren Rücken schont? Gute Beleuchtung? Ein gemütliches Eck mit Kaffeemaschine? Grüne Pflanzen, einen Hauch von Wohlgefühl?

Wenn das nicht so ist, haben Sie den Mut, mehr Raum einzufordern.

Raum in Gesprächen

Raum nehmen heißt nicht nur, mehr Platz haben, sondern Raum kann man auch in Gesprächen einnehmen.
- Sind Sie präsent in Gesprächen?
- Wagen Sie, Ihre Meinung vorzutragen?
- Hört man Ihnen zu?
- Bringen Sie sich mit Fragen ein?
- Wie bereiten Sie sich vor?

Ist es schon eine große Hürde, seine Wünsche in der Familie kundzutun, ist es noch viel schwerer, sich bei Arbeitssitzungen mit Kollegen einzubringen. Doch es ist wichtig »von sich reden zu machen«, wie uns schon der Volksmund sagt.

Niemand kann Ihre Fähigkeiten erkennen, wenn Sie nur still wie ein Mäuschen in der Ecke sitzen und zwar super Ideen hätten, sich aber nicht nach vorne wagen.

Können Sie sich mit diesen Tipps anfreunden?
- Bereiten Sie Ihre Ideen gedanklich vor, sehen Sie sich schon, wie Sie diese Ideen präsentieren.
- Präsentieren Sie diese Ideen schon einmal Ihrer Freundin.
- Stellen Sie sich vor die Freundin, wie Sie es auch in der Firma oder bei einem Elternabend tun würden.
- Sprechen Sie »frei von der Leber« weg, ohne Ihren Dialekt zu verleugnen.
- Stellen Sie sich vor, lauter Freunde sitzen vor Ihnen.
- Machen Sie sie sich immer wieder klar, alle anderen »kochen auch nur mit Wasser«.

💡 ANTIHASCHERL-TIPP
Nützen Sie Ihre starke Vorstellungskraft

Alles, was wir uns vorstellen können, vermögen wir im Leben auch zu erreichen und umzusetzen. Deshalb ist es so wichtig, die Gedankenkraft zu nützen. Stellen Sie sich immer wieder vor, wie Sie in der Runde Ihrer Kollegen oder auch in der Runde Ihrer Familie sitzen, sich so richtig wohl fühlen, den Raum einnehmen, der Ihnen zusteht. Dieses Gefühl lassen Sie intensiv wirken. Sie fühlen sich anerkannt und respektiert. Genießen Sie dieses Gefühl. Und dann fangen Sie in Gedanken an zu sprechen. Ganz natürlich, so als wäre es das Natürlichste auf der Welt. Ganz ruhig und gelassen und in Ihrem geschützten Gefühl bringen Sie vor, was Sie zu sagen haben. Sie sehen auch, wie die anderen Ihnen gespannt folgen, wie sie zustimmend nicken oder auch skeptisch schauen. Sie lassen sich nicht beirren und sprechen ganz ruhig weiter. Das stellen Sie sich immer und immer wieder vor, bis Sie die Sicherheit haben, es klappt auch in der Wirklichkeit. Sie werden sehen, Sie nehmen diese Hürde souverän.

Frei-Raum schaffen!

Was die Männer können, können wir Frauen doch auch, oder? Ein Mann hat meist überhaupt kein Problem seinen Frei-Raum einzunehmen. Oder fragt Sie Ihr Mann, ob es Ihnen recht ist, wenn er fischen oder auf den Fußballplatz geht? Doch wohl eher nicht! Meist sind es die Frauen, die sich Gedanken machen, ob es wohl passt, wenn sie zur Freundin oder in ein Konzert gehen wollen. Auch dieser Frei-Raum gehört zum ‚Raum nehmen'. Genießen Sie manchmal eine wohlig, angenehme Massage oder einen Thermenbesuch mit Sauna? Und wenn, können Sie sich da richtig entspannen? Oder sind Sie mit einem Ohr beim Handy?

Ich kenne Mütter, die kaufen ohne mit der Wimper zu zucken eine teure Play-Station für den Sohnemann, aber für sie selbst bleibt nicht die kleinste Kleinigkeit wie ein Besuch bei der Fußpflegerin oder der Kosmetikerin.

Wieso sind sich so viele Frauen so wenig wert? Wieso berechnen sie beim Haushaltsbudget nicht auch für sich einen Teil ein? Ich glaube, hier müssen noch viele Frauen »auf die Füße gestellt« werden.

ANTIHASCHERL-TIPP
Trauen Sie sich, für sich selbst etwas zu tun

Überlegen Sie und bitte seien Sie jetzt zu sich ganz ehrlich: Wann und was ärgert Sie, wenn Ihr Mann und Ihre Kinder zum Sport oder sonstigen Aktivitäten aufbrechen? Fühlen Sie sich als Opfer, das nun den Haushalt schupfen muss? Haben Sie auch ein Hobby, das bei der vielen Arbeit ein bisschen verkommt? Oder plagt Sie der innere Schweinehund, weil Sie ja auch fort könnten, aber irgendwie freut es Sie doch nicht?

Ich erinnere mich an einen Sommer, mein Mann war ständig mit dem Mountainbike auf den Bergen unterwegs und ich hätte alle Zeit der Welt gehabt, selbst etwas zu unternehmen. Ich ordne mich wirklich als selbstständig ein und traue mich sehr wohl, etwas auf die Beine zu stellen. Doch diesen besagten Sommer hielt mich der innere Schweinehund total gefangen. Ich war faul und antriebslos und das lebte ich auch. Ich biss mich gedanklich in den Hintern ob dieser Faulheit und konnte doch nicht aus meiner »Komfortzone«. Ich wusste aber, dafür war niemand anderer verantwortlich als nur ich selbst.

Einen Sommer später ließ ich das nicht mehr zu. Ich ging wieder regelmäßig schon um 9 Uhr schwimmen, am Nachmittag Rad fahren oder zum See.

Ich will damit sagen, auch wenn wir uns einsam fühlen oder vernachlässigt, oft sind wir es selbst, die Möglichkeiten einfach nicht ausschöpfen. Eine Freundin sagte einmal: »Der Tag hat für jeden Menschen 24 Stunden. Wenn ich davon 8 Stunden schlafe und 10 Stunden arbeite, bleiben immer noch 6 Stunden für mich!« Diese Zeit nützen wir oft nicht genug. Und bedauern uns. Ich nehme mich da überhaupt nicht aus. Die herrlichen Sommerabende bieten sich ja geradezu an, mit den Nordic-Stöcken noch eine

Runde zu gehen, was mache ich, ich sitze träge vor dem Haus oder gar vorm Fernseher. Eine wahre Schande! Und vielleicht fühle ich mich sogar noch arm dabei, weil mein Mann beim Fischen oder sonstwo ist.

ÜBUNG

Überprüfen Sie sich in dieser Richtung und machen Sie sich einen Plan:

Was mache ich gerne?

....

....

Wer könnte mich bei den Aktivitäten unterstützen?

....

....

Welche Zeit könnte ich am besten nützen?

....

....

Welche Vorträge oder Kurse könnte ich buchen?

....

....

Was könnte die Familie gemeinsam machen?

....

....

Was ist tief in meinem Inneren schon lange ein Wunsch?

....

....

Schüchtern? Das war gestern!

Schüchtern, aufgeregt, angstvoll, betroffen, gehemmt, alles Sachen, die wir im Laufe unseres Lebens hinter uns lassen sollten. Das heißt nicht, dass wir nie wieder dieses Gefühl haben werden, aber es heißt, uns nicht davon hemmen zu lassen.

In einem Selbstbewusstseins-Seminar stellte sich eine Teilnehmerin als die »zaghafte Hedy« vor. Schon am Nachmittag erstaunte sie uns mit folgenden Worten bei einer kleinen Rede zum Thema »Schnee«: »*Am Vormittag war ich noch die zaghafte Hedy, meine Lieben, das ist jetzt Schnee von gestern...*« Tosender Applaus war ihr Lohn.

Was ist eigentlich schlecht an Schüchternheit?

- Es ist keine Krankheit.
- Schüchternheit kann manchmal ganz schön kokett sein.
- »Ich habe Angst und ich bin schüchtern« – so eine Rede zu beginnen, ist stark und punktet bei den Zuhörern immer.
- Rot werden aus Schüchternheit macht sympathisch.

»Na, ja«, denken Sie jetzt sicher, »und was tue ich, wenn das Herz klopft, dass es jeder hören kann, der Puls am Überschnappen ist, die Hände vor Schweiß tropfen und die Angst die Kehle zuschnürt? Wie bitte soll das gehen?«

Das sind die weniger schönen Seiten der Schüchternheit und daran können Sie arbeiten, wenn Sie die Schüchternheit überwinden wollen. Ich habe mir lange überlegt, wie ich Ihnen helfen kann, aus der Schüchternheitsfalle zu kommen. Schüchtern sein schränkt das Leben oft massiv ein.

Es beginnt ja schon am Morgen vor dem Kleiderschrank. Was ziehe ich an? Bin ich passend angezogen? Schauen die Kollegen komisch, wenn der Rock ein bisschen kürzer ist?

Weiter geht es im Bus oder Zug. Wage ich es, mich wo dazuzusetzen oder bleibe ich lieber stehen?

Oder ich bringe die Kinder in den Kindergarten. Schauen mich die anderen Mütter nicht irgendwie komisch an? Stimmt etwas nicht mit mir?

Und die Elternabende ... Muss ich da wirklich hin?

Anstatt strahlend den neuen Tag zu begrüßen, hindert viele Menschen ihre Schüchternheit, das Leben zu genießen.

Das Wichtigste ist, dass Sie eingestehen, schüchtern zu sein, und dass Sie darunter leiden.

Alleine, dass Sie zu sich stehen und sagen, »Ja, ich bin schüchtern und das möchte ich ändern!«, verändert den Zugang zu den Menschen. Die wissen jetzt, Sie arbeiten daran, und die meisten werden Ihnen helfen, Sie loben und ermutigen. Wenn Sie sich zurückziehen und nur leiden, ist das für Ihre Umwelt sehr schwer. Weil einfach niemand weiß, wie er mit Ihnen umgehen soll. Also ist der erste Schritt, zu sagen: »Ich möchte mich verändern und freu mich, wenn ihr mir dabei helft!«

Zehn Anti-Schüchternheitstipps für ein vertrauensvolles Leben

1. Anti-Schüchternheitstipp: Beobachten Sie Ihre Haltung

Bitte stellen Sie sich vor einen großen Spiegel, so wie Sie normal stehen. Schauen Sie sich diese Haltung an. Wie fühlen Sie sich? Merken Sie sich dieses Gefühl.

Dann stellen Sie sich aufrecht hin, die Beine locker und fest auf dem Boden, straffen Sie die Schultern und lächeln Sie sich an. Fällt Ihnen das schwer? Machen Sie es trotzdem! Probieren Sie es gleich noch einmal! Wie fühlt es sich an? Schon besser?

Gratuliere, Sie haben den ersten Schritt für ein freieres Leben gemacht. Sie haben es getan, Juhuu!! Genießen Sie dieses neue Gefühl. Erinnern Sie sich mindestens fünfmal am Tag an diese Übung und »nehmen Sie Haltung an«! Eine selbstbewusste Körperhaltung vermittelt uns ein stärkeres Gefühl – was auch funktioniert, wenn wir eigentlich gerade unsicher sind! – und Sie vermitteln Ihrer Umwelt: Ich bin sicher.

Je öfter Sie das machen, desto mehr verinnerlichen Sie sich diese selbstbewusste Haltung. Ich hatte einen sehr komischen Wackelgang. Meine Kette schlenkerte beim Gehen immer hin und her. Ich musste mich sehr anstrengen, den Gang zu korrigieren. Aber das war es mir wert.

2. Anti-Schüchternheitstipp: Setzen Sie Ihr inneres Lächeln auf

Nachdem Sie nun schon die richtige Haltung haben, setzen Sie Ihr inneres Lächeln auf.

Dieses Lächeln sollte direkt aus dem Bauch kommen. Und man darf es ruhig auch im Außen sehen. Machen Sie sich bewusst, Sie arbeiten gerade an Ihrer Angst und Unsicherheit. Und Sie lächeln dabei. Kann es etwas Schöneres geben? Sie gehen mit gestrafften Schultern und lächeln die Menschen an! Ein neues Leben kann beginnen. Bitte achten Sie auf die Reaktionen. Ab hier geschehen schon kleine Wunder: Sie wirken offener auf andere. Ihre Ausstrahlung verbessert sich. Und dadurch gehen auch andere offener auf Sie zu.

Machen Sie sich diese Übung immer und immer wieder bewusst. Denn im Alltag sind wir oft so konzentriert, dass wir auf unseren eigenen Gesichtsausdruck gar nicht mehr achten.

3. Anti-Schüchternheitstipp: Schauen Sie mindestens zehn Menschen in die Augen.

Augenkontakt ist gar keine so leichte Übung. Und dennoch rate ich, schauen Sie heute mindestens zehn Menschen so richtig in die Augen. Bieten Sie einer Kollegin Kaffee an und schauen Sie ihr dabei so richtig in die Augen. Holen Sie Ihr Kind vom Kindergarten, gehen Sie zur Kindergärtnerin, fragen sie etwas über Ihr Kind und schauen Sie ihr dabei in die Augen. Nehmen Sie Blickkontakt mit der Supermarktkassiererin auf, wenn sie ihr das Geld reichen, mit der Bedienung, wenn sie etwas bestellen, beim Frisur, beim Zahnarzt ... Blickkontakt ist ein Zeichen von Aufmerksamkeit und Respekt. Er kommt bei unserem Gegenüber immer gut an – und: Sie vermitteln Selbstvertrauen damit.

4. Anti-Schüchternheitstipp: Ergänzen Sie Ihre Garderobe

Schauen Sie ganz gründlich in Ihren Kleiderschrank und legen Sie passende Kombinationen zusammen. Stücke, die Sie schon lange nicht getragen haben und die Ihnen nicht mehr gefallen, bitte großzügig aussortieren. Bei den Kombinationen, die Sie noch gerne tragen, fragen Sie sich: »Was könnte hier ergänzend gut ausschauen?« Vielleicht ein schickes Tuch dazu oder eine neue Bluse. Und fragen Sie sich auch: »Welche Farbe passt wirklich zu mir?« Dann gehen Sie ganz gezielt einkaufen und motzen Ihre bestehende Garderobe auf. Nehmen Sie eine Freundin mit, die einen modisch sehr guten Blick hat und die Ihnen gegenüber sehr ehrlich ist. Oder gönnen Sie sich eine Imageberatung, damit Sie sich auch an neue Schnitte oder frische Farben herantrauen. Denn Kleider machen tatsächlich Leute. Wir fühlen uns völlig anders und selbstbewusster. Gerade auch, wenn Sie an sich persönlich arbeiten, kann so ein äußerer Wandel ein toller Verstärker sein:
Jetzt ziehe ich neue Saiten auf!

5. Anti-Schüchternheitstipp: Sprechen Sie fremde Menschen an

»Ich soll jemanden ansprechen, den ich nicht kenne? Das kann ich nicht!« Das glauben viele Frauen und dann geht es doch. Probieren Sie es.

Fragen Sie heute im Supermarkt einen fremden Menschen um die Zeit. Oder fragen Sie jemanden, den Sie nicht kennen, woher er kommt. Setzen Sie sich auf einer Parkbank oder einer Bank im Einkaufszentrum neben einen fremden Menschen und sprechen Sie über das Wetter. Augenkontakt nicht vergessen!

Gerade die kurze Begegnungen, wie die Frage nach der Uhrzeit oder einem bestimmten Ort, sind das beste Training für mehr Selbstvertrauen – und Raum einnehmen. Wenn Sie sich also noch nicht an einen Smalltalk wagen, fangen Sie klein an.

6. Anti-Schüchternheitstipp: Seien Sie stolz auf sich!

Wenn Sie die vorherigen Übungen ausprobiert haben und erste Erfolge verzeichnen, dann seien Sie doch mal richtig stolz auf sich. Stellen Sie sich vor den Spiegel, gute Haltung, und klopfen Sie sich auf die Schultern. Sagen Sie sich: »Das hätt ich gar nicht gedacht von dir, Maria, du bist einfach Spitze!« Freuen Sie sich ehrlich über sich selbst.

Und machen Sie so weiter, nicht nachlassen, nur mit ÜBEN, ÜBEN und nochmals ÜBEN kann man Erfolge erzielen.

7. Anti-Schüchternheitstipp: Freundinnenkonferenz

Laden Sie zwei bis drei Freundinnen ein und bitten Sie die Damen um ein ehrliches Feedback, wie sie Sie sehen. Sind Sie in den Augen der Freundinnen selbstbewusst?

Sagen Sie Ihren Freundinnen, dass Sie gerade lernen, mehr Selbstvertrauen zu bekommen und sich dahingehend verändern möchten. Laden Sie die Damen ein, mit Ihnen ein »Erfolgsteam Selbstvertrauen« zu bilden und sich wöchentlich oder vierzehntägig zu treffen. Überlegen Sie Übungen, die Sie stärken und die machbar sind. Z. B. die »In die Augen schauen«-Übung. Beim Treffen tauscht man dann die Erfahrungen aus. Gut wäre ein schriftliches Erfolgstagebuch. Bauen Sie einander auf.

8. Anti-Schüchternheitstipp: Sie gehen alleine aus

Suchen Sie sich eine spannende Veranstaltung aus, Konzert, Kino, Lesung, Vortrag, einfach etwas, das Sie interessiert. Sie haben Ihre Garderobe auf Vordermann gebracht, nun ist es an der Zeit, diese neuen, modischen Sachen an die Öffentlichkeit zu tragen. Zögern Sie nicht lange, vielleicht rufen Sie für den Anfang noch eine Freundin an, ob sie mitgehen möchte. Wenn nicht, denken Sie nicht darüber nach, gehen Sie einfach alleine. Sprechen Sie mit Ihren Sitznachbarn, erzählen Sie, dass Sie das erste Mal alleine etwas unternehmen, usw... Und erzählen Sie nächsten Tag allen Menschen, die Sie treffen, was Sie geschafft haben und wie toll es war!

9. Anti-Schüchternheitstipp: Sie melden Sie für einen Kurs an

Ein Kurs oder Seminar stärkt unser Selbstvertrauen. Melden Sie sich für einen Kurs an, der Sie reizt. Egal ob Sie kochen, tanzen, malen, filzen oder die Arbeit mit dem Computer lernen möchten. Vielleicht interessieren Sie auch Kurse im Gesundheitsbereich, beim Roten Kreuz oder auf dem Gebiet der Homöopathie, der Farbheilung usw. Es sollte sie echt hinziehen. Schauen Sie die Angebote der Volkshochschule, der verschiedenen Vereine an und buchen Sie sofort.

10. Anti-Schüchternheitstipp: Laden Sie Gäste ein und zeigen Sie Selbstvertrauen

Machen Sie die Probe aufs Exempel! Laden Sie Gäste ein und trauen Sie sich, Ihre Familie zu bitten, Ihnen zu helfen. Machen Sie ein Familienfest daraus. Sagen Sie Ihrem Mann und Ihren Kindern, Sie möchten einen schönen Abend mit lieben Freunden erleben, schaffen es aber alleine noch nicht. Auch wenn es ein bisschen Überwindung kostet, Ihre Familie wird sich freuen, dass Sie ihr zutrauen, das Fest mit auszurichten. Überlegen Sie mit der ganzen Familie, wie die Dekoration ausschauen soll, welches Menü es geben wird, was als Unterhaltung gedacht ist. Das hilft Ihnen und verbindet wieder einmal so richtig Kinder und Eltern.

MUTPROBEN!

Haben Sie Lust auf einige Mutproben, die Ihr Selbstvertrauen stärken? Wagen Sie sich an Projekte, die Ihnen zwar momentan noch ein Ziehen im Bauch verursachen, die Ihnen aber machbar erscheinen. Zum Beispiel:

- Besuchen Sie ein Praxisseminar, wo Übungen das Vertrauen stärken. (Oder nehmen Sie sich einen Coach. Er unterstützt und hilft bei den Übungen.)
- Fahren Sie mit dem Auto in eine Stadt, in der Sie noch nie waren. (Und freuen Sie sich so richtig, wenn Sie es geschafft haben.)
- Besuchen Sie allein ein Cafe und bestellen Sie Ihre Lieblingstorte. Schauen Sie um sich und suchen Sie Gespräche mit der Kellnerin und anderen Besuchern.
- Trauen Sie sich, Ihrer Familie zu sagen, Sie möchten alleine ein paar Tage verreisen. (Ihre Familie wird den Mund nicht mehr zubekommen vor Staunen, was sich die Mama traut.)
- Organisieren Sie für Ihre Freundinnen einen Ausflug, bei dem Sie wieder einmal so richtig tratschen und lachen können.
- Fragen Sie in Ihrem Lieblingsgeschäft, ob Sie ein paar Tage »ehrenamtlich« mitarbeiten dürfen. (Habe ich gerade gemacht und Sie glauben nicht, wie diese Arbeit das Selbstbewusstsein stärkt.)

IV.

SELBSTKONTROLLE

Wie wir über uns und andere denken, beeinflusst unsere Emotionen und damit unsere Außenwirkung und unser Handeln. Natürlich gehören unsere Gedanken und Gefühle zu uns, sie sind beeinflusst von unseren Erfahrungen, dem Feedback anderer und unserer Persönlichkeit. Außerdem gibt es die berühmte Tagesform: Manchmal stehen wir mit dem linken Fuß zuerst auf und andere Male können wir die Welt umarmen.

Häufig stellen wir auch eine Fassade zur Schau. »*Na, die geht auch zum Lachen in den Keller!*«, sagte kürzlich eine Bekannte über eine Kundin. Besagte Dame spricht auch immer vom Ernst des Lebens und ist mehr als pflichtbewusst. Sie weiß vor lauter Pflichtbewusstsein nicht mehr, wie sie wirklich ist. Manchmal bewahren uns solche starren Regeln davor, nicht auf ein Handicap schauen zu müssen. Ich tue einfach so, als wäre alles in Ordnung. Nur ich selbst weiß, dass »innen drin« etwas überhaupt nicht stimmt. Das geht ja schließlich nur mich etwas an. So denken viele Menschen. Dabei übersehen sie, dass sie damit vollkommen gegen ihr Leben leben. Sie stehen ständig unter Spannung, um ja das Bild, das sie vermitteln wollen, aufrechtzuerhalten. Sie zeigen anderen nie ihr wahres Ich. Sie haben Nackenverspannungen und sind nervlich nicht belastbar, weil sie ständig »anders« sein wollen, als sie sind. Sie suchen nach Anerkennung und nehmen leicht die Meinung anderer an, um beliebt zu sein und es allen recht zu machen ...

Ich habe dieses Kapitel absichtlich »Selbstkontrolle« genannt – es hätte auch »Selbstmanagement« heißen können. Die Kontrolle besteht darin, einerseits überhaupt erst einmal wahrzunehmen: Wie ist das bei mir? Wie sehen meine Gedanken aus? Von welchen Emotionen bin ich besonders geprägt? Andererseits geht es darum, dass Sie in der Lage sind, sich selbst zu steuern. Sehen Sie die Selbstkontrolle also als nützliches Werkzeug auf Ihrem Weg zu mehr Selbstbewusstsein: Selbstkontrolle bedeutet nicht ständige Selbstbeherrschung, sondern: Gedanken und Gefühle ernst zu nehmen, sie als wichtigen Wegweiser zu sehen, sich aber das Leben nicht von ihnen diktieren zu lassen.

Beginnen wir mit der Frage, wie sehr Sie sich von fremden Meinungen abhängig machen und wie stark Sie (noch) dazu neigen, eigene Ideen und Wünsche hintanzustellen, wenn Sie mit Skepsis oder einer anderen Meinung konfrontiert werden.

»Fremdeinwirkung« – auch bei mir?

Stellen Sie sich vor, Sie sind Feuer und Flamme für eine neue Idee. Ganz begeistert erzählen Sie einer Freundin davon. Diese stellt fragend den Kopf schief und sagt: *»Meinst du wirklich?«* – Schon diese kleine Frage lässt bei Menschen mit wenig Selbstvertrauen den Enthusiasmus schwinden. Vielleicht hat sie ja recht und ich schaffe es wirklich nicht? Soll ich mir das dann überhaupt antun?

♥ SELBST-CHECK
Wie sehr bleiben Sie auf Kurs und wie sehr lassen Sie sich von anderen beeinflussen?

Kreuzen Sie an, was auf Sie zutrifft:
- ☐ Ich hole mir oft die Meinung anderer, um mich abzusichern.
- ☐ Ich brauche unbedingt eine Ermutigung, bevor ich etwas entscheide oder tue.
- ☐ Ohne [meine Mutter/meinen Mann ...] treffe ich keine Entscheidung.

☐ Die Bestätigung durch andere ist mir sehr wichtig.
☐ Ich lasse mir oft Wünsche und Vorhaben von anderen ausreden.
☐ Andere sind oft erfahrener/schlauer/weltgewandter als ich.
☐ Ich übernehme oft die Meinung anderer.
☐ Es kommt oft vor, dass ich mich zu etwas überreden lasse.
☐ Skepsis und kritische Stimmen nehme ich mir wahnsinnig zu Herzen.

Damit wir uns richtig verstehen: Natürlich ist es schön und wichtig, andere um ihre Ansicht und Unterstützung zu bitten. Wir wissen nicht alles und es kommt durchaus vor, dass wir etwas nicht bedacht oder falsch eingeschätzt haben. Hier geht es um die Abhängigkeit von anderen und die Tatsache, die eigenen Wünsche, Bedürfnisse und Pläne sein zu lassen, nur weil jemand eine andere Ansicht dazu vertritt.

Nehmen Sie sich jetzt die angekreuzten Aussagen einzeln vor. Holen Sie sich einen Block und ergänzen Sie die jeweilige Aussage mit einem »weil« am Ende, zum Beispiel: »Es kommt oft vor, dass ich mich zu etwas überreden lasse, weil ...«

Beantworten Sie nun ganz spontan, ohne länger darüber nachzudenken, warum das so ist. Zensieren Sie nichts und schreiben Sie alles auf, was Ihnen zu der betreffenden Aussage in den Sinn kommt. Sie werden erstaunt sein, was Sie dabei über sich erfahren. Denn natürlich stecken ganz konkrete Gründe dahinter, wenn wir mehr auf andere hören als auf uns selbst. Es ist keineswegs nur immer Unsicherheit. Manchmal ist es ein verstärkter Wunsch nach Anerkennung oder es steckt ein großes Harmoniebedürfnis dahinter. Es ist durchaus möglich, dass Sie von sehr dominanten Persönlichkeiten umgeben sind und unerwünschte Reaktionen vermeiden möchten. Es lohnt sich also, wenn Sie diesen Fragen einmal näher auf den Grund gehen.

Natürlich wollen wir es nicht nur bei der Erkenntnis belassen. Hier ein kleines Trainingsprogramm, wie Sie es schaffen, Ihrem Gefühl und Ihren eigenen Ansichten wieder mehr zu vertrauen:

ÜBUNG

Sie können unmöglich ohne Ihre Mutter oder Ihren Mann eine Entscheidung treffen

Weil Sie sich einfach selbst zu wenig vertrauen.

Stellen Sie sich folgende Fragen:
- Wann habe ich mir noch selbst vertraut?
- Hat jemand zu Ihnen gesagt: »Na, das kannst du doch nicht alleine entscheiden?« Wer und wann war das?
- Fragen Sie sich, was könnte passieren, wenn ich jetzt sofort alleine entscheide?

Wir haben uns immer selbst vertraut, bis Ereignisse in unser Leben getreten sind, die uns glauben ließen, dass es andere besser wüssten. Jetzt ist die Zeit, sich von diesen Gedanken zu verabschieden: Fangen Sie an, sich zu beobachten, bei welchen Entscheidungen Sie sich wohl fühlen.

Es ist nichts dagegen einzuwenden, sich manchmal einen Rat zu holen, doch die Entscheidung treffen SIE! Sie leben mit dieser Entscheidung, die zu Ihrem Herzen passen sollte. Und was ihr Herz sagt, dass wissen nur Sie. Denken Sie an die Macht der Affirmationen (s. S. 98) und sagen Sie sich immer wieder: »Ich schaffe es, mich alleine zu entscheiden, und ich entscheide mich richtig!«

Sitzen Sie auch gerne in der Überredungsfalle?

»Mach schon, der Film ist wirklich interessant!« Eine Freundin ruft schon zum dritten Mal an, mich freut es partout nicht, noch aus dem Haus zu gehen, aber nun ja, damit sie endlich Ruhe gibt, sag ich halt Ja! Eine bekannte Situation?

Was tun in diesem Fall? Warum lassen Sie sich überreden? –
- Um es ihr recht zu machen?
- Um sie als Freundin nicht zu verlieren?
- Um des lieben Frieden willens?

Ist Angst dahinter, dass man Sie nicht mehr mögen könnte? Dass Sie nicht mehr anerkannt sind? Fühlen Sie in sich hinein und machen Sie, was **SIE gerne tun.** Sie werden mehr anerkannt, wenn Sie Ihrem Gefühl vertrauen und tun, was Sie möchten.

Üben Sie mit der Affirmation: »Ich bin anerkannt und geliebt, auch wenn ich NEIN sage!«

Skepsis und kritische Stimmen nehme ich mir wahnsinnig zu Herzen.

»Wenn jemand mein Projekt skeptisch oder kritisch betrachtet, mach ich mir fast in die Hose!« Monika ist verzweifelt, weil sie alles persönlich nimmt und sich dann nicht mehr weitertraut.

Ich glaube, es geht nicht nur Monika so, ist ja auch nicht so leicht, wenn sich so kritische Stimmen melden und dann gleich mit unserem eigenen inneren Kritiker zum Chor ansetzen.

Bitte machen Sie sich klar, dass eine außenstehende Person niemals beurteilen kann,
- wie Sie Ihr Projekt aufziehen und was Sie erreichen werden
- wie Sie auf Menschen zugehen können
- und was Sie genau vorhaben

Es ist IHR Projekt, nur Sie wissen, was es kann und wie es wirkt. Sie haben darüber gebrütet, Ihre Idee, Ihre Freude, Ihr Spaß und Ihre Neugier stecken drin. Vertrauen Sie sich!

Arbeiten Sie mit der Affirmation: »Ich vertraue mir und meinem Projekt, ich weiß, ich schaffe das!«

Dieses neue Verhalten – verstärkt durch die Affirmationen, mit denen Sie sich den Rücken stärken – hilft Ihnen, bald wieder ganz stark in sich selbst zu vertrauen.

Die Welt der Gedanken

Nun tauchen wir noch einmal kurz in die Welt der Gedanken ein. Denn Ihre Gedanken steuern Ihre Handlungsstärke – und gerade in Notsituationen ist die Kraft der Gedanken meist nicht sofort greifbar. Dabei ist es eine Kraft, die wir alle haben und die wir jederzeit einsetzen können.

»Gedanken sind Flügel oder Schranken, können uns ein Aufwind sein – oder auch ein Klotz am Bein«, schreibt der Liedersänger Helmut Gebhart. Und damit trifft er voll ins Schwarze. Den ganzen Tag »geistern« unzählige Gedanken durch unseren Kopf. Forschungen sagen, es sind 60 000 Gedanken und das – man stelle sich vor – täglich!

Ca. 5 % davon unterstützen und helfen Ihnen.
Ca. 30 % davon sind neutral oder helfen anderen.
Ca. 65 % davon sind unnütz oder schaden Ihnen sogar.

Wenn ich Sie frage: »Sind Ihre Gedanken förderlich für Sie?«, was antworten Sie dann? Oder haben Sie darüber noch gar nicht nachgedacht? Dann ist es jetzt an der Zeit!

Denn es ist ein Riesenunterschied, ob Sie Gedanken haben, die Sie traurig machen, oder Gedanken, die Sie zum Lächeln bringen. Und das Schöne an der Sache: Wir selbst können aus traurigen Gedanken aussteigen und so denken, wie wir es uns wünschen. Nützen Sie Ihre Gedanken als Aufwind, denken Sie, wie Sie Ihr Leben gerne hätten. Sie erleichtern sich damit Ihr Leben und das Ihrer Umwelt.

ÜBUNG
Beobachten Sie Ihre Gedanken

Wo Sie Ihre Aufmerksamkeit hinlenken, das wächst. Sie kennen das sicher: Ihre Tochter hat kurz den Führerschein und sollte eigentlich schon zu Hause sein. Wo haben Sie Ihre Gedanken? Sie sehen sicher ein wildes Szenario, nur nicht, dass sie auch in einem Stau stehen könnte. Stimmt's? Die Sorgen wachsen. Würden Sie nun Ihre Gedanken darauf lenken, sie geht gesund und fröhlich bei der Türe herein, würden Sie erstens der Tochter helfen und sich selbst auch. Probieren Sie es aus. Lenken Sie Ihre Gedanken auf das, was Sie sich wünschen.

Die Chance, dass sich diese Wünsche erfüllen, ist durch diese Kraft viel größer. Egal, ob es sich um einen neuen Job, eine große Reise oder eine neue Ausbildung handelt.

Darum ist es so wichtig, zu beobachten, was wir denken, und korrigierend einzugreifen, denn: Wir sind der Chef über unsere Gedanken.

Lesen Sie mehr über die Kraft der Gedanken ab S. 98

Unsere Gedanken steuern unsere Emotionen. Und unsere Emotionen befeuern unsere Gedanken. Darum ist es so wichtig, diese beiden Bereiche fest im Blick zu haben! So erkennen Sie, wann Sie sich selbst sabotieren, und Sie können sich zielgerichtet selbst motivieren und Ihr Selbstvertrauen stärken.

Die Welt der Emotionen

Emotionen steuern alles: Wie wir uns fühlen, wie mutig wir sind, wie stark wir uns weiterentwickeln, wie wir wirken, wie wir mit anderen umgehen – wie gut wir uns abgrenzen und für uns selbst einstehen können. Wir sehen uns nun speziell diese Gefühle näher an:

Ärger und Wut	Freude und Begeisterung
Mitleid	Offenheit & Toleranz
Enttäuschung	Mut
miese Stimmung	Dankbarkeit

Gefühle, besonders die negativen, überkommen uns oft unvermittelt und in Augenblicken, wo wir es weder wünschen noch brauchen können. Wenn ich nur denke, wie schnell ich wütend werden kann ...

Ärger und Wut

»Wenn bloß dieser blöde Ärger nicht wäre!« Seufzen Sie das auch manchmal? Die Anlässe für Ärger sind mannigfaltig und fast unzählbar. Nur, wir übersehen dabei, dass wir es selbst sind, die sich ärgern. Stellen Sie sich nur einmal vor, Sie könnten vor Ärger die Wand abkratzen, und der, dem Sie diesen Zustand zu verdanken haben, lächelt sich ins Fäustchen und freut sich, dass er sie so auf die Palme brachte. Wem schaden Sie nun, wenn Sie sich so ärgern? Dem, der das verursacht hat? Oder sich selbst? Diese Ansicht bildlich vorgestellt, hilft mir oftmals, schneller runterzukommen.

Stehe ich aber dann im Supermarkt an der Fleischtheke, weit und breit niemand zu sehen und die Verkäuferinnen scheinen sich auch noch zu verstecken, dann geht der Ärger wieder mit mir durch. Nur, ich habe schon gelernt, es schneller zu bemerken, wenn ich in diese Ärger-Energie gerate.

WICHTIG
Eigentlich kann mich niemand ärgern, wenn ich mich nicht ärgern will.

Warum LASSEN wir uns dann so ärgern? Und was passiert, wenn aus Ärger Wut wird, sich tief in uns eingräbt. Denn Wut vergisst man nicht so schnell, sie ist im ganzen Körper zu spüren. Und sie verpufft auch nicht so einfach. »Ja, ich verzeihe schon, aber vergessen tu ich das nie!«, das ist ein typischer Satz, der der Wut zugeordnet ist.

Ärger und Wut sind destruktiv, kommen wir ihnen auf die Spur.

Wie sich Ärger und Wut auswirken

Ärger und Wut machen uns grantig und aggressiv. Sie fahren in den Magen und in die Knochen. Ärger macht alles noch ärger, heißt ein Sprichwort. Dem kann ich nur beipflichten. »*Wenn meine Tochter am Abend nach Hause kommt, schreit sie den ganzen Ärger vom Tag heraus*«, erzählt eine Mutter, »*und ich nehme diesen Ärger, damit ich ihr etwas abnehme!«* Das ist die schlechteste Art, sich zu ärgern. Denn es ist nicht ihr Ärger und genau dieser Ärger löst im Körper Kettenreaktionen aus. Denn insgeheim weiß diese Dame, dass es nicht ihr Ärger ist, aber weil sie es nicht abschalten kann, kommt noch der Ärger darüber dazu.

Ganz viel ärgern sich Menschen über sich selbst.
- Weil sie etwas nicht schaffen,
- weil sie sich nicht anerkannt fühlen,
- weil sie mit sich nicht zufrieden sind.

Eine große Ärgerquelle ist auch: Jemand verhält sich nicht so, wie wir es erwarten. Ja, was erlaubt sich dieser Mensch? Ich hab ihm doch schon hundert Mal erklärt, wie ich es gerne hätte, und er tut es einfach nicht. Und schon ärgern wir uns! Oder es gibt ein Missgeschick, das nicht passieren hätte müssen. Ich mache den Kühlschrank auf und rummms fällt die nicht ganz dichte Milchflasche heraus. Na, super, wer hat die nicht ganz zugeschraubt? Wenn das kein Ärger ist! Wie ergeht es Ihnen in solchen Situationen. Üben Sie sich in Gelassenheit und wischen einfach auf? Oder grummeln und schimpfen Sie so vor sich hin, wie ich es auch gut kann?

Es mag sich ja witzig anhören, aber das ist es nicht. Ärger und Wut schaden auf Dauer unserer Gesundheit und verbessern nicht gerade die Laune. Ärger ist ansteckend und wenn Sie Ärger ausstrahlen, dann kann es leicht sein, dass Sie auch noch ärgerliche Menschen treffen.

Nehmen Sie doch in einem kleinen Test wahr, wo Ihre Ärger- und Wut-Stolpersteine liegen.

Hinter jedem Ärger ist meist ein Gefühl verborgen. Dieses Gefühl sollten Sie lernen zu definieren.

♥ SELBST-CHECK

Kreuzen Sie an, welche Aussagen auf Sie zutreffen, und erkennen Sie, welches Gefühl hinter diesem ganz speziellen Ärger stecken kann:

	trifft zu	Gefühle, die hinter dem Ärger stehen können:
Ich bemerke immer öfter, dass ich mich über mich selbst sehr ärgern kann.		Nicht gut genug sein, sich nichts wert sein.
Menschen, die Termine nicht einhalten, ärgern mich sehr.		Ich bin es nicht wert, dass jemand für mich pünktlich ist.
Wenn ich etwas nicht schaffe, gehe ich am liebsten gar nicht mehr unter Menschen.		Ich fühle mich nicht gut genug.
Ich nehme mir den Ärger meines Partners sehr zu Herzen.		Schuldgefühle – bin ich es, über die er sich ärgert?
Mich ärgert besonders, wenn ich immer gleich die »Schuld« bekomme.		Ich fühle mich verletzt und gekränkt.
Ich nehme alles persönlich und im Nachhinein bin ich wütend auf mich selbst, dass ich wieder so beleidigt reagiert habe.		Ich bin nicht selbstbewusst, andere sind mehr wert.
Ich ärgere mich, wenn ich persönlich angegriffen werde, z. B. hinsichtlich meines Gewichts.		Ich stehe nicht zu mir.

Wie kann ich Wut und Ärger verringern?
Es ist gar nicht so leicht, aus dieser sehr machtvollen Energie herauszufinden. Wenn es Sie das nächste Mal wieder so erwischt und Sie keine Stimme vor lauter Wut und Zorn haben, dann bitte halten Sie kurz inne und fragen Sie sich: »Welches Gefühl habe ich HINTER der Wut, hinter dem Zorn?« Fühlen Sie sich:

- angegriffen?
- nicht verstanden?
- schuldig?
- vernachlässigt?
- traurig?
- gekränkt?

Das wird am Anfang gar nicht so leicht sein, weil Sie ja mitten in dieser Emotion stecken und auf alle Fälle recht behalten wollen. Zumindest mir geht es immer so. Ich rege mich ja so auf, wenn mich jemand beschuldigt, obwohl ich nichts getan habe. Ich habe das Gefühl, ich habe recht, doch man lässt mich nicht recht haben.

Und da soll ich noch nachdenken, welches Gefühl ich habe? Ja, und noch einmal ja, bitte tun Sie es, Sie werden sehen, es lenkt Sie ab und bringt Sie wieder zu sich.

Eine gute Übung ist auch zu fragen: »He, was hat das momentan überhaupt mit mir zu tun?« Bin das momentan ich oder bin ich in eine andere Energie eingestiegen?

Natürlich können Sie auch atmen und bis 10 zählen, bevor Sie explodieren.

Aber das Wichtigste ist, dass Sie erkennen: Dieser Ärger schadet NUR MIR SELBST, sonst niemandem.

Mitleid

Die beste Freundin verliert ihren Mann ganz plötzlich oder die Nachbarin kämpft mit einer schweren Krankheit. Da ist man schnell geneigt, Mitleid zu entwickeln. Nur, Mitleid heißt »mitleiden«. Und »mitleiden« hemmt jede Aktion. Bei Mitleid begeben Sie sich mit in den Schmerz und identifizieren sich mit dem Betroffenen. Sie fühlen denselben Schmerz und sind genauso hilflos wie der/die Betroffene. Sie finden in dieser Situation weder die Telefonnummer der Rettung noch kommen Sie auf die Idee, eine kräftige Suppe zu kochen.

Besser als Mitleid ist Anteilnahme. Sie nehmen Anteil am Schmerz der Freundin, aber Sie sind nicht im Schmerz. So gelingt es wesentlich besser, Hilfe anzubieten und zu geben. In der Anteilnahme sind sie »ganz Ohr« und können noch überlegen, was am besten zu tun ist.

Mitleid und Anteilnahme, wie wirkt es sich aus?

Mitleid ist ein zweischneidiges Schwert. Auf der einen Seite will man helfen, aber wenn Sie selbst in dieser Situation wären, würden Sie Mitleid wollen? Ich glaube, keiner von uns liebt es, mitleidig betrachtet zu werden. Mitleid ist Leid und keine positive, tatkräftige

Energie. Anteilnahme ist da schon ganz anders. Natürlich möchte man helfen, wenn der Partner, die Mutter oder eine Freundin in Not ist. Anteil nehmen heißt zuhören, heißt anpacken, die nächstliegenden Dinge tun. Ich kann mich erinnern, vor Jahren starb der Mann einer Bekannten. Sie erzählt heute noch, dass eine Freundin kam, die sofort die Fäden im Haushalt in die Hand nahm, für sie und die Kinder kochte und ihr den Kopf für die Beerdigungsvorbereitungen freihielt. Das ist anteilnehmende Hilfestellung. Ich weiß, manchmal ist man einfach zu schockiert, um gleich so zu reagieren, doch wenn dieser Schock nachlässt, sollte man direkt in die Anteilnahme und nicht in das Mitleid gehen.

Wie kann ich lernen, aus dem Mitleid in die Anteilnahme zu kommen?
Besonders wenn Sie ein herzlicher, mitfühlender Mensch sind, ist es wichtig, sich von dieser Energie zu verabschieden. Wenn Sie das nächste Mal in diese Situation kommen, bitte überlegen Sie sofort:
- Was wäre mir am liebsten, wenn ich das jetzt erleben müsste?
- Welche Hilfe kann der/die Betroffene sofort brauchen (Betten überziehen, Suppe kochen, Einkäufe erledigen, Telefonate führen)?
- Wer käme noch in Frage, hier helfend einzuspringen?
- Welche Verwandten oder Behörden gehören verständigt?

Wenn Sie all das überlegen, wechseln Sie automatisch vom Mitleid in die Anteilnahme und sind für jede Hilfe, die gebraucht wird, offen.

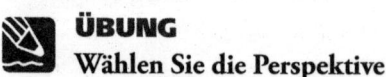
ÜBUNG
Wählen Sie die Perspektive

Beim Mitleid ist besonders der Perspektivenwechsel wichtig: Anstatt von sich auszugehen, wie Sie eine Situation selbst bewerten und mit ihr umgehen würden, ist es wichtig zu wissen:
1. Jeder Mensch erlebt und fühlt anders. Das, was Ihnen »mitleiderregend« erscheint, muss keineswegs für die andere Person so

sein. Krankheit, eine verlorene Stelle, eine Trennung, all das ist schlimm und wirft uns aus der Bahn. Doch ist das nicht gleichbedeutend mit »mitleidig sein«.
2. Mitleid verstärkt den Schmerz der betroffenen Person. Es gibt sogar Studien, wonach kranke Menschen sich messbar schlechter fühlten, wenn man sie ausgiebig bemitleidete und als bedauernswert den Schmerz buchstäblich intensivierte. Seien Sie für die andere Person da, aber bemitleiden Sie sie nicht – damit ist ihr nicht geholfen.
3. Fragen Sie die betroffene Person, was sie sich wünscht! Manchen Menschen hilft anpacken und reden, andere möchten bloß nicht reden und wünschen sich, dass Sie einfach da sind. Signalisieren Sie das.

Erwartung und Enttäuschung

Erwartung und Enttäuschung gehen Hand in Hand. In meiner Praxis sind Aussprüche wie diese an der Tagesordnung: »Na, das hätte ich aber schon erwartet!« »Ich erwarte, dass man auf mich Rücksicht nimmt!« Oder: »Ich kann doch erwarten, dass die Kinder wenigstens lernen!« Und schon schwingt die große Enttäuschung durch den Raum.

Zerpflücken wir das Wort »Enttäuschung« doch einmal: Ent-Täuschung. Ich habe etwas erwartet, was sich nicht erfüllte. Ich habe mich offensichtlich ge-täuscht. Nun bin ich ent-täuscht. Die Klientinnen schauen mich meist groß an, so haben sie es noch nie gesehen.

»*Mein Mann könnte nach all den Jahren wirklich wissen, was ich mir zum Geburtstag wünsche!*«, sagt Liliane und schaut mich erwartungsvoll an. Ich muss sie genauso enttäuschen, wie sie offensichtlich von ihrem Mann ist. »Nein, liebe Liliane, er weiß es eben nicht. Unsere Männer sind keine Hellseher, sie brauchen Hinweise! Diese Erwartung kann er beim besten Willen nicht erfüllen.«

Wie groß ist Ihre Erwartungshaltung und welches Gefühl könnte dahinterstehen?

Die Gefühle hinter unseren Erwartungen haben eine große Bandbreite. Ulli erzählt: *»Wenn ich z. B. erwarte, dass mein Mann mit mir in ein Konzert geht, und ich habe wieder einmal umsonst »erwartet«, dann fühle ich mich verletzt, weil schließlich mache ich ja auch Dinge ihm zuliebe.«* Hallo, hallo, hören Sie: Er könnte ja, weil ich mache ja auch ... Genau das ist es. Besprechen Sie die Situation vorher. Sagen Sie ihm, wie viel es Ihnen bedeutet, wenn er mitgeht, akzeptieren Sie aber auch, wenn er es nicht macht. Rufen Sie ein Freundin an, es findet sich wer, der voll Freude mitgeht. Und vor allem fragen Sie sich, wo Sie Erwartungen erfüllen, die Sie eigentlich gar nicht erfüllen möchten.

Natürlich könnte ich auch manchmal vor Wut an die Wand springen oder ich kränke mich, weil ich es meinem Mann offenbar »nicht wert« bin, dass er mir diesen Wunsch erfüllt.

»Das Leben ist kein Wunschkonzert«, sagte eine Bekannte immer wieder. Und damit hat sie recht. Es ist zwar sehr schön, wenn jemand unsere Erwartung erfüllt, aber ERWARTEN können und dürfen wir es nicht. Wenn man es logisch betrachtet: Warum auch? Sie möchten ja sicher auch nicht, dass Sie alle Erwartungen Ihrer Familie und Freunde erfüllen.

Testen Sie einmal bei sich, mit welchen Erwartungen Sie sich das Leben schwer machen:

- Dass der Chef erkennt, was Sie wirklich leisten – obwohl Sie es ihm nie sagen?
- Dass Ihr Mann sieht, wie viel Arbeit die Kinder wirklich machen?
- Dass Ihre Mutter öfter auf die Kinder aufpasst?
- Dass die Tochter den Geschirrspüler ausräumt, ohne dass Sie es extra sagen müssen?
- Dass der Mann endlich seine Socken vom Boden aufhebt?
- Dass »man« etwas einfach nicht macht (oder eben schon)?
- ..... Schreiben Sie diese Liste ganz ehrlich weiter.

Wie können Sie mit solchen Erwartungen umgehen? – Haben Sie mit Ihrer Tochter schon einmal besprochen, dass Sie sich freuen würden, wenn sie den Staubsauger zur Hand nehmen würde? Oder Ihren Mann schon einmal um Hilfe gebeten? Nein? Sie haben erwartet, dass er das alles selbst merkt.

Oder vielleicht wandeln Sie Ihre Erwartungen in Wünsche um? Ich würde mir wünschen, wenn ich hier und da Hilfe bekäme. Das zweite ist, dass wir einfach zu wenig kommunizieren. Wir alle, und ich zähle mich wirklich dazu, sagen einfach zu wenig, was wir von unseren Mitmenschen haben möchten. Wenn wir nicht sagen, was wir möchten, werden wir es nicht bekommen.

Wie gehe ich mit diesen Gefühlen um?
Das Wichtigste ist, dass Ihnen bewusst wird: Hallo, ich hab ja schon wieder erwartet, dass ….. Alleine, dass Sie es bemerken, nimmt schon viel Druck von diesen Erwartungen. Fragen Sie sich auch, ob Sie von sich selbst mehr erwarten als von anderen. Lassen Sie auch diesen Druck los.

ÜBUNG
Eigene Erwartungen und Gefühle

Das größte Übel an den Erwartungen ist, dass man sie ewig mit sich herumträgt und annimmt, der andere MUSS es doch merken. Deshalb mein Tipp: Einfach ganz offen aussprechen: »Hey Schatz, jetzt muss ich dir einmal erzählen, was mich schon lange bewegt.« Vielleicht geht es sogar, dass Sie lächelnd sagen: »Stell dir vor, ich dachte doch wirklich, du merkst, wie sehr ich mir wünsche, dass du ganz einfach als Überraschung ein Wellness-Wochenende buchst! Jetzt kann ich schon lachen darüber, aber lange habe ich mich richtig geärgert und auch verletzt gefühlt, dass dir sowas nicht einfällt.« Sie schauen jetzt vielleicht in zwei völlig ratlose Augen. 1. Vielleicht mag Ihr Mann gar keine Wellness-Reisen oder 2. Vielleicht sagt er einfach nur: »Ja, Liebling, warum sagst du das denn nicht?« Offenheit und Kommunikation sind hier an der richtigen Stelle. Wenden Sie sie an!

Die andere Seite – ich erfülle die Erwartungen der anderen

Sehr gerne erfüllen wir allerdings auch die Erwartungen der anderen. Schließlich werden wir dafür anerkannt und vielleicht sogar gelobt. Wenn ich alles mache, was mein Partner erwartet, habe ich ein ruhiges, harmonisches Leben. Aber ist das auch Ihr Leben? Wo bleiben Ihre Wünsche? Erwartungen zu erfüllen, nur um den Frieden zu erhalten, nur um anerkannt zu werden? Meine Wünsche dafür aufzugeben? Möchten Sie das wirklich?

Eine schwierige Spirale, denn dazu kommen noch die Schuldgefühle.

Erwartungen und Schuldgefühle

»Ich habe schon erwartet, dass du noch ….«, »Naja, wenn du es nicht machen kannst, muss ich halt auf meinen Kurs verzichten«, »Ich habe immer gedacht, das wäre ich dir wert!«

»Das hast du heute auch nicht erledigt?« »Was tust du eigentlich den ganzen Tag?«

Kommt Ihnen alles bekannt vor, oder? Hier trifft sich überzogene Erwartungshaltung mit Manipulation und endet in riesigen Schuldgefühlen.

Für Schuldgefühle sind wir Frauen ja besonders anfällig. Kaum zeigt der Partner schlechte Laune, fragen wir uns schon: Hab ich ihm etwas getan? Hab ich was falsch gemacht? Bin ich schuld? Vielleicht hat er schlechte Laune, weil ich heute zu viel Geld ausgegeben habe? Oder war ich nicht zu Hause, als er angerufen hat?

Warum nehmen wir nur alles gleich persönlich und fühlen uns angegriffen?

Wenn der Partner schlechte Laune hat, warum lassen wir das nicht bei ihm? Warum nehmen wir sofort an, das betrifft uns? Weil ja sein könnte, dass ich etwas falsch gemacht habe?

ÜBUNG
Wie werde ich diese Schuldgefühle wieder los?

Frauen sind Meisterinnen des »Schuld auf sich nehmen«. Warum eigentlich? Erstens fühlen sie sich für die ganze Familie verantwortlich. Wenn es allen gut geht, geht es der Mama auch gut, ist die übliche Meinung. Nur, so ist es nicht. Die Frau ist nicht dafür verantwortlich, alle glücklich zu machen. Und damit auch nicht »schuld«, wenn der Mann grantig nach Hause kommt. Und Frauen sind auch nicht dazu da, die Ärgerpakete der ganzen Familie zu tragen.

Fragen Sie sich: »Wo bin ich anfällig dafür, mich gleich schuldig zu fühlen?« Sprechen Sie es auch an und sagen Sie Ihrer pubertierenden Tochter, dass Sie ihre schlechte Laune nicht mehr annehmen. Sie muss sich selbst fragen, warum sie so schlecht gelaunt ist. Beobachten Sie sich und wenn Sie wieder feststellen, ooohjeee, schon wieder habe ich dieses elende Schuldgefühl, schauen Sie sofort, wo haben Sie es aufgefangen. Stellen Sie sich vor, das bekommt der Mann, die Tochter, der Sohn, die Mama jetzt sofort zurück. Und fühlen Sie sich frei!

Miese Stimmung – nicht heute

»Heute hatte ich echt eine miese Stimmung und mein Herz hat gedrückt!«, sagte meine Freundin und Seminarreferentin Hedwig Rosa. *»Ich dachte schon, ich kann nicht kommen! Aber dann habe ich mir gesagt: ‚Nein, diese Stimmung und die Beschwerden nehme ich heute nicht an, nicht mit mir!'«* Und genauso ist es gekommen. Sie hat das Seminar ohne Schmerzen und mit ausgezeichneter Stimmung gehalten. Sie hat sich im wahrsten Sinn des Wortes umprogrammiert. Denken Sie an die Kapitel über die Gedankenkraft – was mit dieser schöpferischen Kraft alles möglich ist. Dieses Beispiel zeigte wieder einmal klar auf, wozu wir alle und auch Sie fähig sind, wenn wir diese Kraft einsetzen.

Wie wirken sich Stimmungen auf Ihr Leben aus?
Stimmungen heben uns hoch oder lassen uns fallen. Können wir festlegen, welcher Stimmung wir nachgeben? Ich bin davon fest überzeugt, dass wir unsere Stimmung ändern können. Dass wir aus »schlechten« Tagen gute machen können! Wie man oben an dem Beispiel sieht.

Nur, wollen wir das immer? Tut es nicht manchmal gut, so einen »Durchhänger«-Tag mit ein bisschen Melancholie zu erleben? Sich einmal so richtig selbst »leid zu tun«? So einfach bei uns zu bleiben? Nichts zu tun, nur für mich selbst da zu sein? Sie entscheiden, welcher Stimmung Sie nachgeben wollen. Die heutige Arbeitswelt verlangt von uns Top-Leistung, hier ist unsere Geistes- und Körperkraft gefragt. Doch bitte nützen Sie die freien Tage, um einen Ausgleich zu schaffen. Und an diesen Tagen tun Sie, was Ihnen gerade Laune macht, egal ob die Couch oder der Berg ruft.

Wie gehen Sie mit Ihren Stimmungen um?
Angenommen, Sie haben wirklich einen Tag, an dem Sie alles liegen und stehen lassen möchten und einfach niemanden sehen wollen. Wie agieren Sie: Augen zu und durch? Oder schaffen Sie es, Ihrer Familie zu sagen: »Bitte, könnt ihr heute für mich ..... tun, ich bin heute nicht ganz auf dem Damm und möchte heute nur für mich da sein.«? Kennen Sie das oder sind Sie mehr der Typ: Nicht mit mir, ich lasse mir doch nichts anmerken. Ich muss es und schaffe doch alles. Verstehen Sie mich nicht falsch, es gibt kein Richtig und kein Falsch. Sie sind es, die die Fäden in der Hand hält. Ich möchte Ihnen nur bewusst machen, dass Sie nicht immer »müssen«. Dass für Sie dasselbe wie für alle Familienmitglieder gilt: Ich bin auch noch da!

Und wenn Ihnen danach ist, einmal auszuspannen, alle Viere von sich zu strecken und alles liegen und stehen zu lassen, dann bitte tun Sie es! Auch wenn es das noch nie gegeben hat.

Freude und Begeisterung

Freude, Freude, Freude, heißt die Energie, die unser Herz höher schlagen lässt. Freude und Begeisterung machen unser Leben reicher und gesünder. Kennen Sie das Gefühl, wenn Sie die Freude so richtig durchflutet und das Herz weit wird? Und die Begeisterung, wenn etwas wirklich gelungen ist und Sie die ganze Welt umarmen könnten?

Gelingt Ihnen dies in Ihrer Partnerschaft und in Ihrer Arbeit? Leider müssen wir uns ganz oft der Realität stellen, die anstatt aus Freude und Begeisterung aus Routine und Alltag besteht. Wie können Sie aus dem Alltag einen Freudentag machen?

Wie wirken sich freudvolle und begeisternde Gefühle aus?
Sie haben sicher schon erlebt, dass Sie vollkommen in der Freude sind, weil Sie gerade erfahren haben, Sie haben den neuen Job oder Sie sind wieder schwanger, Sie haben sich Ihr Traumgrundstück gesichert ... welche positive Kraft Sie da durchströmt! Sie könnten wahrscheinlich Bäume ausreißen und den Himmel herunterholen. Das ist die Kraft der Freude und der Begeisterung.

Die große Frage ist, wie holen wir dieses Gefühl in den Alltag?
Lernen Sie sich zu freuen! Wie das geht? Ich stelle Ihnen ein paar Fragen:

- Wo sind Sie mit Ihren Gedanken auf dem Weg zur Arbeit?
- Nehmen Sie Ihren Nachbarn in Bus oder Bahn wahr?
- Sehen Sie die Blumen am Wegesrand?
- Den Nebel, der die Bergspitzen umhüllt?
- Die unbeschwert lachenden Kinder am Schulweg?
- Wie oft lachen Sie am Tag?
- Grüßen Sie am Morgen lächelnd Ihre Arbeitskollegen?
- Können Sie mit Ihrem Partner schon beim Frühstück lachen?

ÜBUNG
Wie komme ich in die Freude?

Überprüfen Sie, wo Sie Ihren Fokus haben! Sind Ihre Gedanken freudvoll und voller Begeisterung? Oder gehören Sie zu den Menschen, die sich Sorgen machen und bei denen die Laune schnell einmal im Keller landet?

Wenn Sie zu den Sorgenmachern gehören, polen Sie sich um. Sie wissen inzwischen um die Kraft der Gedanken. Wir sind es, die denken und bestimmen, was wir denken. Nicht, dass das jetzt ganz so leicht ist, aber wie alles im Leben lässt es sich lernen. Machen Sie kleine Schritte und nehmen Sie sich vor, heute schaue ich auf die kleinen Dinge des Alltags.

Gehen Sie bewusst zum Bus und schauen Sie, ob Sie eine blühende Blume entdecken. Lachen Sie mit den Kindern mit, anstatt sie zu ermahnen, ruhiger zu sein. Fragen Sie sich, welche Freude könnte ich mir schon am Morgen machen? Frisches Gebäck? Ein Spaziergang schon vor der Arbeit? Fangen Sie an, sich zu verwöhnen. Schauen Sie auf Ihr Äußeres, schminken Sie sich, denn innere Schönheit beginnt im Außen. Wenn Sie top sind, dann fühlen Sie sich wohl, das strahlen Sie aus und ernten Komplimente, die Sie wiederum zum Lächeln bringen.

Bedanken Sie sich, wenn Sie jemand zum Lachen bringt und wenn jemand nett zu Ihnen war.

Wie sind es selbst, die uns in die Freude und Begeisterung führen.

Lassen Sie sich mitreißen von Ihren guten Ideen und Ihrer Begeisterung
Eine gute Idee geht mit viel Begeisterung einher. Fragen Sie sich einmal: »Wann war ich das letzte Mal vor Begeisterung so richtig ‚Feuer und Flamme'?« Denn da waren Sie in Ihrer größten Kraft. Und diese Kraft und Energie holen Sie sich wieder, damit Sie erneut an die richtige Begeisterung andocken können.

ÜBUNG
Nehmen Sie Block und Bleistift und schreiben Sie auf, was Sie in Ihrem Leben wirklich begeisterte, welche Idee Ihre ganze Kraft zum Vorschein brachte.

Notieren Sie alles zum Beispiel:
- Die Geburt Ihrer Kinder
- Die erste Lehrstelle
- Ein Ausflug, bei dem Sie die Führerin sein durften
- Das Bestehen der Führerscheinprüfung
- Die Gründung eines Vereins oder einer Mütterrunde

Denken Sie genau nach und schreiben Sie eine lange Liste. Was hat Sie begeistert, wo haben Sie Ihre ganze Kraft entfaltet?

Dann spüren Sie in die einzelnen Punkte noch einmal ganz genau hinein und vergeben Punkte. Was war das Highlight? Was war das Größte?

Ergründen Sie, WARUM hat mir das so viel Kraft gegeben?

Ich habe zum Beispiel vor vielen, vielen Jahren mit einer Freundin eine »Strickrunde« gegründet. Da war so viel Begeisterung und auch Energie im Spiel. Und dies hält bis heute an. Immer noch gibt es diese regelmäßigen Treffen und immer wieder spüren wir die Begeisterung. Jede »Strickschwester« geht voll Power nach Hause.

Schreiben Sie auf der Liste dazu: Das gibt mir so viel Kraft, weil …

Bei unserer Runde schöpfen wir so viel Kraft, weil wir uns alle mögen und jeder für den anderen da ist. Weil wir uns austauschen können und wissen, hier kann ich ICH sein, hier werde ich nicht zensuriert, hier hört man mir zu, hier finde ich Verständnis.

Wo stecken Ihre Kraftquellen, die Sie in die Begeisterung führen?

Mut

Mutig sein heißt für mich etwas wagen, obwohl mich die Angst und der Zweifel fast zerfressen. Mut ist, der Angst zu begegnen und ihr in die Augen zu schauen, obwohl ich mir fast in die Hose mache und mich am liebsten verstecken möchte. Liebe Leserin, glauben Sie mir, jedes neue Projekt, jede neue Idee hat zwei Seiten. Die eine Seite der Begeisterung und des Wagemutes und die zweite Seite der Angst und des Zweifels. Es ist ja auch ganz normal, dass Neues zwar begeistern, aber auch ängstigen kann. Diese Zweifel und Ängste gehören dazu. Nur, sie dürfen nicht so hinderlich sein, dass Ihre guten Ideen der Angst zum Opfer fallen. Deshalb ist es wichtig, Mut aufzubauen und zu schauen: Was ängstigt mich so, warum zweifle ich so an mir und meinen Projekten?

Kann es sein, dass Sie diese Ängste aus Ihrer Kindheit mitbringen?
- Das hat es in unserer Familie noch nie gegeben.
- Und wenn es dann nicht läuft und kein Geld mehr da ist?
- Glaubst du wirklich, genau du kannst das?
- Was du machst, das machen doch schon so viele.
- Du denkst doch nicht wirklich, dass du das kannst?

Derlei Muster geistern nun einmal in unserem Kopf herum. Damit sind wir groß geworden. Das Schöne ist, dass wir nun so weit sind, es zu erkennen. Und erkennen heißt, ich kann anfangen, diese hinderlichen Sätze umzuprogrammieren oder sie in einem anderen Licht zu sehen.

Wenn diese Sätze zu Ihren Zweifeln beitragen, geben Sie diesem Zweifel ein Gegengewicht! Z. B. »Wenn ich mich selbstständig mache, weiß ich nicht, ob genug Leute kommen!«

»Aber ich habe ein so großes Wissen und ich kann gut mit Leuten umgehen, drum werden sie auch kommen!«

»Aber ich habe Angst, dass ich nicht alles weiß und kann, was verlangt wird.«

Geben Sie sich selbst die Antwort: »Keiner kann alles, ich kann den Menschen zu einem Spezialisten schicken, wo er gut aufgehoben ist, ich muss nicht alles selbst machen!«

Gehen Sie so alle Ängste und Zweifel durch und ermutigen Sie sich immer wieder selbst mit Affirmationen: Ich schaffe das! Ich bin gut, ich kann es meistern!

Prüfen Sie: Brennt das Feuer der Begeisterung für diese neue Aufgabe? Hüpft das Herz vor Freude, wenn Sie daran denken? Dann können Sie sicher sein, der Mut besiegt die Angst.

Wie werde ich mutiger?
Wenn Sie das Buch bis hierher durchgearbeitet haben, sind Ihre Sicherheit und Ihr Selbstvertrauen gestärkt worden. Und mit dieser Stärke kann auch der Mut wachsen.

Fragen Sie sich, »Wo bin ich denn schon mutig?«
- Ich wage es schon, beim Elternabend zu fragen.
- Ich bin stolz, dass ich es geschafft habe, meiner Chefin die Grenzen zu zeigen.
- Meine Freude ist riesengroß, ich habe mir den Gewerbeschein zur Selbstständigkeit geholt.
- Ich habe es geschafft, meiner Familie beizubringen, dass ich mit Freundinnen ein paar Tage verreise.
- Ich bin glücklich, weil ich es schaffte, mein Hobby in die Öffentlichkeit zu tragen.

Nehmen Sie diese Bereiche, in denen Sie bereits mutig sind, oder solche, in denen Sie bereits sichere Fähigkeiten haben, als Startpunkt für mehr Mut: Es ist einfacher, noch mutiger zu werden, wenn Sie viele kleine Schritte in eine Richtung gehen, die Sie schon ein bisschen kennen. So könnten Sie zum Beispiel Ihre ausgezeichneten Kekse am Markt verkaufen. Eine liebe Freundin stellt traumhafte Steinketten her. Sie arbeitet gerade an der Mutprobe, die Ketten auch anzubieten.

Denken Sie an die vielen Dinge, die Sie schon gelernt haben: an Situationen, bei denen Ihnen früher das Herz wild geklopft hat und die Sie heute wie selbstverständlich meistern. Vielleicht wagten Sie es nicht, vom 5. Stock hinunterzuschauen. Und heute gehen Sie schon auf einen Berg. Wenn nicht, versuchen Sie es. Immer ein Stückchen höher, immer wieder einmal einen Blick riskieren. Es stimmt schon: Wer nichts wagt, auch nichts gewinnt.

Schüren Sie Ihre Zuversicht
Wann sind Sie zuletzt über das Wort »Zuversicht« gestolpert? Es ist nicht mehr sehr gängig in unserem Wortschatz. Zuversicht – »Es schaut gut aus«, könnte man auch sagen, oder »Hoffnung auf etwas Gutes«, »Optimismus«, »sich etwas zutrauen«.

Zuversicht ausstrahlen ist wie einverstanden sein, einverstanden sein mit dem, was ist, und dem, was kommt. Menschen, die Zuversicht ausstrahlen, begegnet man hoffnungs- und vertrauensvoll. In ihrer Gegenwart fühlt man sich geborgen und aufgehoben.

Zuversicht bauen Sie auf, wenn Sie das Leben annehmen können. Egal ob Sie gerade im Stau stecken oder sich gerade nicht so gut behandelt fühlen.

Es hört sich leicht an, es einfach anzunehmen, wenn man sich nicht so gut behandelt fühlt. Überlegen Sie, wie Sie trotz dieser Situation in die Zuversicht kommen können. Fragen Sie sich, »Was kann ich selbst momentan tun?«, egal ob Sie im Stau stehen oder sich schlecht behandelt fühlen. Fragen Sie sich, »Welches Gefühl habe ich momentan in mir? Und was bringt es, wenn ich mich jetzt aufrege oder ärgere?«. Fangen Sie innerlich zu lächeln an und erkennen Sie, »Momentan ist es so, ich nehme es, wie es ist, aber ich nehme die Dramatik raus«.

Gehen Sie in die Zuversicht und nehmen Sie die Situation an, wie sie gerade ist.

Ich weiß, ich verlange da gerade fast Unmögliches von Ihnen, ich muss mich da auch sehr an der Nase nehmen, doch probieren Sie es aus. Sie gelangen zu einer Gelassenheit, die Sie wahrscheinlich noch gar nicht kennen.

Arbeiten Sie mit der Affirmation: Ich stärke meine Zuversicht Tag für Tag!

Offenheit & Toleranz

»Ja, natürlich bin ich offen für alles!«, sagt eine Freundin ganz entrüstet. »Würdest du deinen Wohnort für einen neuen Job verlassen?«, frage ich sie. Sie runzelt die Stirn und schaut mich an, als käme ich vom Mond. Hier ist anscheinend ihre Grenze zur gepriesenen Offenheit.

Haben Sie sich schon einmal mit Ihrer Offenheit auseinandergesetzt? Sind Ihnen Veränderungen willkommen? Sind Sie der Typ, der in der Wohnung ständig das Gefühl hat, umräumen und umstellen zu müssen?

Ich denke, offen sein für Neuerungen und Veränderungen wird uns in die Wiege gelegt. Manche Menschen können gar nicht anders, als alles Neue anzuschauen und zu probieren. Ihre Neugier auf das Leben ist unbegrenzt und nichts kann sie abhalten, Neues zu erleben. Andere wieder würden am liebsten von der Lehrzeit bis zur Pension im selben Betrieb bleiben. Eine Dame in meinem Bekanntenkreis hat seit sage und schreibe 40 Jahren dieselbe Frisur. Auf jedem Jahrgangsfoto ist sie sofort an ihrer Frisur zu erkennen. Auf genau diesen Schienen lebt sie auch ihr Leben. Alles strukturiert und genau eingeteilt. Hier ist kein Platz für Neues oder gar Experimente. In unserer schnelllebigen Zeit kann das zum Hindernis werden.

Wie wirken sich Offenheit & Toleranz aus?
Ich empfinde Offenheit wie frischen Wind im Leben. Offenheit vertreibt den Staub der Gewohnheit und der festgefahrenen Strukturen. Ich sage nicht, dass es ohne Struktur und ein gewisses Maß an Gewohnheit geht, doch es sollte noch genug Platz für Neugier und Neues sein. Denn das macht das Leben nicht nur spannender, sondern fordert uns immer wieder aus unserer Komfortzone heraus: Wir werden stärker, vielseitiger und selbstbewusster. Und: Menschen, die offen Neuem begegnen, tun sich einfach leichter im Leben, denn sie kommen mit Veränderung viel leichter zurecht.

Das gilt für den Beruf genauso wie für die Familie. Hören Sie sich die Wünsche und Vorschläge Ihrer Kinder an und beraten Sie gemeinsam, was davon Wirklichkeit und was sinnvoll angewendet werden kann. Das führt auch dazu, dass sich Ihr jeweiliges Gegenüber ernst genommen fühlt und sich seinerseits mehr öffnet.

Offenheit und Toleranz können zu Höhenflügen animieren, aber auch als Hemmschuh das Leben schwer machen. Sie entscheiden, auf welche Seite Sie tendieren.

Sieben Anregungen, wie Sie zu mehr Offenheit und Toleranz finden
1. Fragen Sie Ihren Partner und Ihre Kinder, in welcher Beziehung sie sich mehr Offenheit und Toleranz von Ihnen wünschen.
2. Sie sind zwar offen, aber ... Wir haben die JA, ABER-Haltung schon behandelt (s. S. 46), überprüfen Sie sich, wie oft sie »ja, aber« verwenden. Wenn Sie sich wieder einmal bei einem »ja, aber« ertappen, stoppen Sie sich bewusst selbst. Es hört sich

doch viel schöner an, wenn Sie formulieren: »Ja, gerne, doch achten Sie bitte ....«
3. Wie ist Ihre Gedankenwelt? Sind Sie mit Ihren Gedanken bei Ihrer Arbeit oder gleiten Sie oft in die Vergangenheit? Beobachten Sie sich und halten Sie Ihre Gedanken offen für Neues. Sie werden erstaunt sein, wie sich Ihr Leben verändert. Offene Gedanken bringen neue Ideen und helfen bei Veränderung.
4. Seien Sie offen Ihren Mitmenschen gegenüber. Auch wenn es mit der Nachbarin einmal eine Meinungsverschiedenheit gab, hören Sie ihr wieder zu, bleiben Sie offen. Nehmen Sie teil an den Gesprächen in der Firma. Öffnen Sie sich dafür, Neues zu erfahren, auch wenn es nicht Ihrer eigenen Gedanken- und Erlebniswelt entspricht. Offenheit bedeutet nicht, dass Sie eine Meinung teilen oder etwas gutheißen müssen. Es bedeutet, dass Sie anerkennen, dass es andere Herangehensweisen und Ansichten gibt.
5. Bleiben Sie offen bei Veränderungen in der Firma. Hören Sie sich erst einmal an, was neu ist, und lehnen Sie es nicht von vornherein ab (»Weil wir es machen, wie wir es immer gemacht haben.«) oder sehen es als negativ (»Na, das wird bestimmt wieder nichts Gutes bedeuten«). Veränderungen gehören zum Berufsleben mit dazu. Zeigen Sie, dass Sie damit konstruktiv umgehen. Und: Vielleicht ist ja doch etwas dabei, was auch für Sie von Vorteil ist.
6. Wenn Sie schon etwas älter sind, sollten wir auch über »Toleranz für die Schwiegertochter« sprechen. Das scheint vielleicht auf den ersten Blick unmöglich. Haben Sie schon einmal bedacht, dass auch Sie einmal jung waren und Ihre Ideen durchsetzen wollten? Natürlich sind Sie heute »weiser« und könnten so manches verhindern. Doch auch Sie wollten sicher Ihre eigenen Fehler machen. Lassen Sie es einfach zu. Dasselbe gilt für die »intoleranten Schwiegermütter«. Jede Schwiegermutter meint es auf ihre Art gut für die Jungen. Seien Sie tolerant, das heißt weder für Schwiegermutter noch Schwiegertochter, dass es ein Freibrief für jedes Verhalten ist. Seien Sie offen für ein gutes Gespräch und trauen Sie sich zu sagen, was Sie sich wünschen.
7. Zeigen Sie sich tolerant beim Tohuwabohu im Kinderzimmer. Auch wenn es nicht leicht anzuschauen ist und die Kinder da-

mit rechnen, »Die Mama wird's schon richten«, bleiben Sie cool. Lassen Sie die Verantwortung bei den Kindern (natürlich altersgerecht).

ÜBUNG
Wie lerne ich Offenheit und Toleranz?

Manchmal muss man über den eigenen Schatten springen. Wenn ich daran denke, wie zugeknöpft ich bei unseren ersten Reisen in die USA der »Multikultigesellschaft« gegenüber war. Wie sehr alles Neue mit Angst besetzt war. Und wie selbstverständlich ich dann mit einem offenen Blick und etwas Übung mit allem umgehen konnte!

Offenheit und Toleranz bedeuten nicht, alles bedingungslos gutzuheißen. Aber es heißt, neugierig und offen zu sein. Und dann zu sortieren: Wie weit lasse ich meine Offenheit und Toleranz zu?

Fragen Sie sich: Warum lehne ich dies und jenes ab, was sind die genauen Gründe dafür? Vielleicht nur, weil ich es von zu Hause so kenne und gelernt habe? Weil meine Bürokollegin auch so denkt? Fangen Sie an, sich selbst ein Bild von den Neuerungen in der Firma zu machen. Denken Sie sich hinein in die Welt Ihrer Kinder. Gehen Sie einmal mit und lassen Sie sich erklären, wie die Tochter das genau sieht.

Nehmen Sie sich ganz bewusst vor, mit anderen Augen durch die Stadt zu gehen. Vielleicht sogar mit jemandem zu sprechen, den Sie nicht kennen und der in die Kategorie fällt, die sie bisher nicht so offen betrachteten. Sie werden erstaunt sein, wie Offenheit und Toleranz das Leben »weiter« machen.

Dankbarkeit

Meist richten wir unsere Aufmerksamkeit auf unsere Wünsche und auf alles, was noch nicht so läuft, wie wir es gerne hätten. Haben wir mit Problemen zu kämpfen, beherrschen uns diese. Da ist der Gedanke an das, was wir bereits haben, oft weit weg. Wir übersehen ganz, wie gut es uns geht und was wir alles haben. Fast jeder von uns hat mehr als genug zum Leben. Ich meine keinen Luxus.

Sondern so viel, dass wir ganz normal leben können. Und dafür sollten wir dankbar sein. Dankbar, dass es uns gut geht. Dankbar für das, was ist. Was wir erreicht haben.

»*Ich soll dankbar sein?*«, meint Luise. »*Ich, die immer nur abgewertet und beschimpft wurde? Ich, die von niemandem geliebt oder anerkannt wurde? Für was soll ich dankbar sein?*« Ich gebe zu, dass auch ich ein bisschen geschluckt habe bei solch einem Schicksal. Ich habe Luise darauf aufmerksam gemacht, sie müsse eine mehr als starke Person sein, wenn sie trotz dieser Ablehnung schon 47 Jahre auf dieser Welt sei. Ich habe ihr geraten, sich in aller Ruhe hinzusetzen und herauszufinden, welche Vorteile und Stärken sie aus dieser schweren Kindheit gezogen hat. Erst schaute sie mich zweifelnd an, doch dann sprudelte es aus ihr heraus: »*Ich habe den Mann gegen den Willen meiner Eltern geheiratet. Ich habe mich gegen meinen Bruder bei der Hofbewirtschaftung durchgesetzt, heute haben wir einen wunderbaren Bauernhof...*« Und da bemerkte sie, wofür sie dankbar sein konnte. Dankbar sein heißt, ich erkenne auch in belastenden Situationen, dass ich immer auch etwas habe.

Wie wirkt sich Dankbarkeit aus?
Dankbarkeit ist ein wichtiges Instrument für unsere Zufriedenheit. Sie sorgt dafür, dass wir nicht nur auf vermeintliche Defizite schauen, nicht nur die schlechten Erfahrungen wahrnehmen, sondern eben auch unser Guthaben betrachten: Wir erkennen und schätzen, was wir uns erarbeitet haben, welche wertvollen Menschen es in unserem Leben gibt und welche positiven Eigenschaften und Fähigkeiten jeder von uns hat.

Dankbarkeit wirkt sich übrigens unmittelbar auf unseren Körper aus. Unser Immunsystem reagiert direkt auf positive Gefühle. Dankbarkeit ist ein Gefühl, das den ganzen Körper harmonisiert. Wir werden zufriedener, ausgeglichener und stärker. Das gibt uns eine bessere Ausstrahlung und sorgt für Tatkraft.

Wofür können Sie dankbar sein?
Wenn Sie sich bisher noch nicht so darauf konzentriert haben, wofür Sie dankbar sein können, dann fangen Sie gleich jetzt damit an!

♥ SELBST-CHECK
Ich bin dankbar für ...

Nehmen Sie sich eine Stunde Zeit. Überlegen Sie sich jeden der folgenden Lebensbereiche und notieren Sie alles, wofür Sie dankbar sein können. Achten Sie bitte auch auf Kleinigkeiten! Und lassen Sie schlechte Erfahrungen nicht dominieren. Vielleicht haben Sie Ihre Kindheit als unschön erlebt, dennoch war nicht die gesamte Kindheit schlecht. Vielleicht sind Sie dankbar, dass Sie eine ganz liebe Freundin schon als Kind kennengelernt haben. Vielleicht hatten Sie ein geliebtes Haustier, das Ihnen ein treuer Partner war? Oder die Lehrerin der 5. Klasse hat Ihnen den Zugang zu Büchern geschenkt?

- mein Leben
- meine Persönlichkeit
- meine Gesundheit
- meine Familie (denken Sie an Ihre Herkunftsfamilie und an Ihre eigene Familie und natürlich auch an die einzelnen Personen)
- meine Arbeit
- meine Freunde
- meine Hobbys
- meine Erfolge
- meine Wohnung (vielleicht auch einzelne Möbelstücke!)

... und ergänzen Sie gerne die Liste um weitere Dinge, für die Sie sehr dankbar sind. Zum Beispiel, dass es Musik gibt. Oder für die schöne Natur.

Fangen Sie an zu danken, Sie werden glücklich dabei!

Danken verstärkt alles und macht Ihr Leben reicher. Dankbarkeit hilft Ihnen dabei, auch schwere Zeiten besser zu überstehen.

So sorgen Sie für mehr Dankbarkeit in Ihrem Leben:
- Beschließen Sie den Tag mit einem positiven Resümee: Wofür können Sie heute dankbar sein?
- Wenn Sie gläubig sind, dann tun Sie das vielleicht bereits mit einem Dankesgebet. Sie müssen nicht beten! Einfach am

Abend ein schönes kleines Ritual bei einer Tasse Tee oder im Bett, bevor Sie einschlafen, kurz den Tag reflektieren: Was war heute schön? Wer war heute nett zu Ihnen? Was ist gut gelaufen? Wofür sind Sie dankbar? Denken Sie daran: Jede Kleinigkeit zählt. Vielleicht war es das Schokocroissant, das Ihnen die Kollegin überraschend mitgebracht hat – oder Sie sind von einem Kunden gelobt worden.

- Machen Sie es sich zur Gewohnheit, anderen zu danken: Wie wir auf S. 66 schon besprochen haben, ist es eine sehr schöne Angewohnheit, andere zu loben. Dazu gehört natürlich auch der Dank! Und damit ist nicht das höfliche, meist nebenher gesagte »Danke« gemeint. Danken Sie ausführlicher: Nehmen Sie Blickkontakt auf und sagen Sie »Dankeschön, dass Sie mir Ihren Sitzplatz anbieten. Ich bin wirklich sehr müde und freue mich über Ihre Aufmerksamkeit!« oder machen Sie es sich zur Gewohnheit, Dankeskarten (oder E-Mails) zu verschicken. Persönliche, schriftliche Worte des Dankes lassen Sie nicht nur aufmerksamer werden, sondern zaubern dem Empfänger auch ein Lächeln aufs Gesicht. Das Schöne: Das löst eine Kettenreaktion aus. Denn der andere freut sich so, dass er denkt: Wie schön! Ich sollte mich auch öfter bedanken!
- Steuern Sie gegen, wenn etwas schiefläuft: Gerade an Tagen, an denen wir gebeutelt sind oder sich eine Gewitterwolke über unserem Kopf bildet, ist es wichtig, aktiv gegenzusteuern. Damit meine ich nicht, dass Sie etwas schönreden. Vielmehr geht es darum, dass Sie ein Gegengewicht schaffen. Überlegen Sie: Was ist das Gute an der Sache? Vielleicht ist ein Gespräch mit dem Chef schiefgelaufen, aber Sie sind dankbar, dass Sie Ihren Standpunkt fest vertreten haben. Oder Ihre Ehe ist in die Brüche gegangen. Aber Sie sind dankbar, dass die unschönen Zeiten damit endlich ein Ende haben.

Mit täglicher Aufmerksamkeit werden Sie sehen, wie reich Ihr Leben ist!

Achtsamkeit

Achtsamkeit heißt: Im Augenblick zu leben, aufmerksam zu sein, was tue ich gerade JETZT? Was denke ich gerade JETZT? Wie spreche ich mit mir? Wie spreche ich mit anderen? Bin ich achtsam im Umgang mit mir? Mit meiner Familie? Mit meinen Arbeitskollegen? Mit der Umwelt? Kann ich alles schätzen, was ich habe? Achtsamkeit bedeutet Lebensqualität, denn Sie sind mit allen Sinnen bei der Situation, die Sie gerade erleben.

Achtsamkeit ins Leben integrieren
Fragen Sie sich: Wie hoch ist überhaupt meine Achtsamkeit? Wie sehr kann ich bei mir bleiben? Wie achtsam gehe ich mit meinen Gedanken um? Wie gehe ich mit meinen Kindern, meinem Partner um? Achtsamkeit ist Genuss. Genuss für Sie, weil Sie im Augenblick leben, und Genuss für Ihre Kinder, Partner und Freunde, weil sie Ihre Aufmerksamkeit haben. Alles wird inniger und freundlicher.

TIPP
Um Achtsamkeit zu lernen, aufmerksamer zu werden, brauchen wir immer wieder kleine Hinweise und Anstöße, um wieder zu uns und ins JETZT, in die Achtsamkeit, zurückzukehren. Eine Dame erzählte mir einmal, um achtsam zu bleiben, stelle sie sich ein Hindernis in der Form eines Hockers in die Tür zwischen Küche und Wohnzimmer. Jedes Mal, wenn sie sich daran stieß, merkte sie: »Oh Gott, schon wieder nicht achtsam!« Vielleicht machen Sie stündlich einen Alarm am Handy, wo Sie immer kontrollieren können, wo sind meine Gedanken, wo bin ich mit meiner Aufmerksamkeit?

ÜBUNG
Laden Sie Ihren Partner, Ihre Freunde oder Ihre Kinder ein, Sie immer wieder mal zu fragen: »Was denkst du gerade?« und Sie vor allen darauf hinzuweisen, wenn Sie gedanklich abwesend sind oder viele Dinge auf einmal machen. Denn gerade das Multitasking ist der Feind der Achtsamkeit.

V.
SELBST-
VERANTWORTUNG

Mit der Selbstverantwortung ist das so eine Sache: Die Verantwortung für sich zu übernehmen ist ganz leicht, wenn alles auf Kurs ist. Wenn es das Leben gut meint und alle glücklich sind. Doch wenn wir auf Schwierigkeiten stoßen, die Dinge ganz und gar nicht so laufen, wie wir uns das wünschen, oder das Schicksal zuschlägt, dann sieht es mit der Selbstverantwortung schon viel schwieriger aus.

Selbstverantwortung ist ein ganz wichtiger Aspekt für Ihre Stärke! Denn Sie machen sich damit unabhängig und schöpfen immer aktiv Ihren Handlungsspielraum aus. Gerade wenn es eben nicht glattläuft.

SELBST-CHECK
Was trifft derzeit auf Sie zu?
Kreuzen Sie alles an, worin Sie sich wiedererkennen:

- Ich denke oft: »Da kann man halt nichts machen.«
- Ich gehe gerne den Weg des geringsten Widerstandes.
- Ich fühle mich häufig als Spielball der Umstände oder anderer Menschen.
- Ich bin realistisch: Man kann vieles eben nicht selbst beeinflussen.
- Verantwortung übernehmen ist mir nicht so angenehm.

Wenn Sie sich nun einige Situationen vor Augen führen, in denen Sie eine dieser Aussagen gedacht oder ausgesprochen haben: Wie ging es Ihnen dabei? Haben Sie es einfach akzeptiert und waren damit im Reinen? Waren Sie frustriert oder gar resigniert? Fühlten Sie sich dabei schlecht? Hatten Sie vielleicht sogar eine richtige Wut im Bauch? Oder war es eine gewisse Ohnmacht?

Manchmal bäumen wir uns auch rebellisch auf: Wir nehmen es auf der einen Seite hin, was uns geschieht, aber ziehen trotzdem keine Konsequenzen: indem wir aus Trotz dafür etwas anderes nicht tun oder kleine Racheakte planen.

Dass wir uns ganz und gar nicht gut fühlen, wenn andere unsere Entscheidungsfreiheit einschränken oder über uns bestimmen, ist übrigens völlig normal. Das Kuriose dabei ist jedoch, dass in vielen Fällen wir selbst es sind, die uns einschränken. Eben weil wir uns von Haus aus zurückziehen, die Verantwortung abwälzen oder passiv mitmachen, was andere bestimmen. Doch damit ist ab jetzt Schluss! Die Grundlage dafür ist es, dass Sie ehrlich hinsehen.

Es ist so leicht, sich selbst zu betrügen

Eine liebe Bekannte hebt ihren Mann in den Himmel: Was er nicht alles tut und macht und welch guter Ehemann er ist ... Dabei weiß wirklich jeder ihrer Bekannten, dass es nicht stimmt und sie sich offensichtlich etwas vormacht. Wie soll man das verstehen? Ist sie wirklich so naiv und glaubt sich das alles selbst oder ist es knallharter Selbstschutz? Manchmal möchte man etwas einfach gerne glauben: Man hat es nie in Frage gestellt, man ist es so gewöhnt oder diese geschönte Sichtweise ist das Einzige, was die aktuelle Situation überhaupt erträglich macht.

Es ist völlig normal, dass wir uns etwas schönerreden:
- Wie oft haben Sie schon ein Ereignis beschönigt, die Schärfe herausgenommen oder verschwiegen?
- Wie oft sagen wir uns »Das ist nicht so tragisch« oder »Es wird sich schon von selbst klären, ich muss es nur aussitzen«?

- Wie oft erzählen wir Geschichten, die WIR selbst gerne so hätten, die aber manchmal von der Realität weit entfernt sind?
- Und wie oft lügen wir uns selbst an? »Ich bin heute mindestens 8 km gejoggt!« Dabei hat der innere Schweinehund schon bei 4 km gebellt und gesiegt.

Ich glaube, dabei hat sich schon jeder einmal ertappt, oder?

ÜBUNG

Fragen Sie sich einmal ehrlich und ohne sich zu verurteilen, wo Ihre kleinen Schummeleien sich selbst gegenüber liegen?
- Heben Sie die Leistung Ihrer Kinder in höhere Sphären, obwohl …
- Ist die Geschichte Ihrer Kindheit so, wie Sie sie gerne erzählen?
- Naschen Sie wirklich so wenig, wie Sie erzählen?
- Gehen Sie nachts heimlich an den Kühlschrank und reden sich ein, das ist ja alles gar nicht so schlimm?
- Erzählen Sie gerne, wie toll Sie sporteln, obwohl meist der innere Schweinehund die Oberhand behält?
- Ist Ihr Partner nach außen der Beste von allen …?
- Sind Sie Single und total glücklich damit (aber wünschen sich ehrlicherweise doch eine Familie)?
- Wissen Sie ganz genau, inwiefern Sie sich »eigentlich« verändern sollten, aber »so schlimm ist es auch wieder nicht«?

Listen Sie bitte ganz ehrlich auf, wo Sie sich eine Sache schönerreden oder bisher nicht so ganz ehrlich mit sich waren. Denn das Bewusstmachen und Vor-sich-selbst-Zugeben ist das Fundament dafür, dass Sie selbstverantwortlich handeln. Auch wenn es vielleicht manchmal zunächst ein wenig wehtut, den Tatsachen ins Auge zu sehen. Ich weiß aus eigener Erfahrung, dass Ehrlichkeit ganz schön zu Herzen gehen kann. Und Veränderungen bringen zwar Schwung, aber manchmal auch ein schmerzliches Loslassen ins Leben. Schon Erich Kästner sagte: »Es ist leicht, das Leben schwer zu nehmen. Und es ist schwer, das Leben leicht zu nehmen.«

Ihr eigener Einflussbereich

Selbstverantwortung übernehmen bedeutet, dass Sie sich sozusagen in die (ganz positive) Pflicht nehmen und sich fragen:
- Wie bin ich in die gegenwärtige Situation geraten?
- Was ist mein Anteil an dieser Sache?
- Was kann ich tun, um diese Situation zu lösen oder zumindest das Beste daraus zu machen?
- Was kann ich wie beeinflussen?
- Was und wer könnte mich dabei unterstützen? – Denn Selbstverantwortung heißt ja nicht, dass Sie alles alleine machen müssen! Es heißt, dass Sie versuchen, bei sich zu bleiben und zu eruieren, was Sie brauchen und was Sie alles tun können.

ANTIHASCHERL-TIPP

Jede Angelegenheit – privat und beruflich – beinhaltet immer einen eigenen Einflussbereich: Das ist der Bereich, den Sie zu 100 % selbst bestimmen können. Wann immer Sie in einer noch so verzwickten Situation stecken, fragen Sie sich: Welchen Anteil davon kann ich beeinflussen? Weigern Sie sich, ein Opfer zu sein! Nehmen Sie die Dinge nicht einfach hin!

Damit Sie klarer erkennen, wo diese Einflussbereiche sind, hier einige Anregungen:

Bleiben Sie immer bei sich selbst und bei Ihrem Anliegen

Sie möchten mehr Gehalt und regen sich darüber auf, dass Frauen im Beruf benachteiligt sind. Die Politik ist unfähig, die Firma ist unfair, die von sich eingenommenen männlichen Kollegen denken, sie seien mehr Wert? All das bringt Sie nicht weiter! Denn Sie werden die Politik nicht mal eben ändern oder die gesamte Firma umkrempeln. Bei sich selbst zu bleiben heißt: Welche Argumente kann ICH für mich und meine Leistung anbringen, damit ICH meinen Chef von einer Gehaltserhöhung FÜR MICH überzeuge?

Sorgen Sie für einen ausgewogenen Blick
Jede Situation hat mehrere Seiten: Meistens gibt es positive, neutrale und negative. Allzu oft nehmen wir aber nur eine davon wahr, oft genug die negative. Sie sind sehr viel handlungsfähiger, wenn Sie alle diese Aspekte wahrnehmen. Dazu kommt, dass, wenn andere beteiligt sind, auch jeder seinen Anteil daran hat, wie sich so eine Situation entwickelt. Anja leidet zum Beispiel darunter, dass ihr viel zu viel in der Arbeit aufgelastet wird. Würde sie ihren Blick ein bisschen über den Tellerrand heben, würde sie bemerken, dass sie es selbst ist, die nicht Nein sagt. Es ist wichtig zu verinnerlichen: Wenn ich nichts sage, kann niemand wissen, dass ich mich schon lange überlastet fühle.

Nehmen Sie Gefühle und Wertungen heraus
Wir zementieren unsere Ängste oder unseren Zorn, indem wir uns hineinsteigern. Wir fördern Fronten, indem wir – auch wenn es nur in Gedanken ist – über andere schimpfen oder sie sogar beleidigen. Das ist zwar ein nachvollziehbares Verhalten, es hilft uns aber nicht. Im Gegenteil! Machen Sie es sich zur Gewohnheit, Ihre Gefühle und Ansichten klar, aber sachlich zu formulieren. Das bedeutet, dass Sie nicht sagen, »Ich hasse meine klugscheißerische Schwägerin«, sondern »Meine Schwägerin möchte immer das letzte Wort haben. Das mag ich nicht«. Und statt »Wenn ich meinen Job wechsle, bekomme ich nie mehr eine Stelle und lande unter der Brücke«: »Ich habe die Sorge, dass ich nicht so schnell eine neue Stelle finde.«

Lenken Sie Ihre Gedanken in konstruktive Bahnen:
Die Redewendung »Gedanken sind frei« suggeriert, dass wir in unseren Köpfen denken können, was wir möchten, es hört ja niemand! Das stimmt: Aber wir erweisen uns einen Bärendienst, wenn wir alles in Gedanken zulassen. Die eben angesprochenen Bewertungen oder Beleidigungen über andere schränken uns ein, bauen Hemmungen und Anitpathien auf, die dafür sorgen, dass wir uns zurückziehen oder aggressiv werden. Das blockiert jedoch Ihre Selbstverantwortung ganz enorm. Auf Seite 98 und 123 haben wir

auch schon über die Macht der Gedanken gesprochen und wie Sie diese positiv für sich nutzen können, zum Beispiel auch durch Affirmationen.

Für Ihr Denken nützen Ihnen diese beiden Sprüche am meisten:
1. »Was du nicht willst, dass man dir tu …!«: Denken Sie immer respektvoll über andere, so wie Sie sich das umgekehrt bestimmt auch wünschen.
2. »In Gedanken ist alles möglich!«: Zensieren Sie sich nicht und erlauben Sie sich alle Ideen und Handlungsmöglichkeiten, die Ihnen jeweils in einer bestimmten Situation einfallen.

Sie entscheiden, welche Stimmung Sie leben möchten
Eine weitere sehr wichtige Zutat für Ihre Handlungsspielräume ist, dass Sie sich voll und ganz dafür entscheiden können, welche Stimmung Sie leben möchten: Bleibe ich in Angst? Sind Sie stolz darauf, nachtragend und zornig auf Menschen zu sein, die Ihnen aus Ihrer Sicht Unrecht getan haben? Fühlen Sie sich klein und konservieren Sie dieses Gefühl wieder und wieder? – Oder sagen Sie sich: »Es geht mir gerade schlecht, aber ich lasse mich davon nicht beherrschen!«, »Ich habe Angst vor diesem Schritt, aber ich möchte, dass es mir langfristig besser geht!«, »Ich fühle mich unsicher, aber das soll so nicht bleiben! Ich lerne, stark zu werden.« Verschiedene Stimmungen und wie Sie damit umgehen können, haben wir ja schon ausführlich in Kapitel 4 (ab Seite 117) behandelt.

Arbeiten Sie aktiv an Ihrem Image

Haben Sie manchmal das Gefühl, dass andere Sie in eine Schublade stecken, in die Sie nicht hingehören? Werden Sie gerne mal übersehen oder nimmt man Sie als zu schrill wahr? Glauben Sie, dass Ihr Umfeld Ihnen genau die Eigenschaften zuschreibt, für die Sie stehen möchten?

Wie andere uns sehen, bestimmen wir selbst: durch unser Aussehen, unser Auftreten, durch das, was wir (wie) sagen und vor allen Dingen durch das, was wir tun. Die Frage ist also immer: Wie möchte ich gesehen werden? Welches Bild möchte ich von mir vermitteln? Was soll man mir zutrauen? Werden Sie die, die Sie sein möchten!

Ihr Aussehen

Wie wir aussehen: unsere Frisur, Make-up, unser Gesichtsausdruck, die Haltung, Gestik und Kleidung, all das soll idealerweise so sein, dass Sie sich wohlfühlen und authentisch sind. Doch das ist nicht alles. Denn natürlich teilen Sie genau damit Ihrem Umfeld sehr viel mit.

Wie möchten Sie von Ihrer Umwelt wahrgenommen werden? Als sichere Frau, die weiß, was Sie will? Als Modepüppchen, das schon von Weitem ausschaut, als würde es gleich zerbrechen? Oder lieber als der Freizeitkumpel, der für alles zu haben ist? Oder die perfekte Mutter? Vielleicht auch als »Mutter Teresa«, die gute, helfende Hand für alles und jeden?

Es ist allein Ihre Entscheidung, keine ist gut oder schlecht, Sie müssen nur wirklich dahinterstehen. Oft ist uns diese Wirkung gar nicht so bewusst und auch nicht unbedingt recht.

ÜBUNG

Stellen Sie sich vor einen großen Spiegel. Wenn Sie keinen haben, machen Sie beim nächsten Mal einfach einen Abstecher in eine Umkleidekabine. Stehen Sie bequem, schauen Sie »normal«, so wie Sie sonst auch durch die Gegend laufen: Was sehen Sie? Mit welchen Eigenschaften würden Sie die Person im Spiegel beschreiben?

Ganz wichtig: Bei dieser Übung geht es nicht darum, sich zu kritisieren. Sondern es geht darum, dass Sie sich Ihrer Wirkung bewusst werden: Ist die Person sportlich und wirkt voller Elan? Oder sieht sie etwas müde und unmotiviert aus? Ist es mehr der mütterliche Typ, von dem man sich gerne Rat holt? Oder wirkt die Person eher unnahbar? Natürlich ist das nur eine Momentaufnahme, aber sie schärft Ihr Bewusstsein für die Außenwirkung, die Sie immer geben – und die momentan eben genau so aussieht.

Denken Sie einmal nach:
- In welcher Kleidung fühlen Sie sich am wohlsten? (modisch, farbig, eher sportlich und unkompliziert, elegant mit High Heels?)
- Welche Farben lieben Sie am meisten: laute, lebenslustige Farben oder lieber gedeckte, zurückhaltende?
- Lieben Sie es geschminkt zu sein oder eher pure Natur?

ANTIHASCHERL-TIPP

Holen Sie sich Hilfe, leisten Sie sich eine Farb- und Stilberatung. Eine Farb- und Stilberaterin sagt Ihnen, welcher Typ Sie sind, was am besten zu Ihnen passt und wie Sie buchstäblich mehr aus Ihrem Typ machen. Immer nur, soweit Sie sich verändern wollen. Und auch das, was Sie eher als Makel empfinden, lässt sich durch die richtigen Farben, Schnitte und Stoffe wunderbar kaschieren.

Ganz wichtig für Ihr Aussehen ist natürlich auch die Mimik und Körperhaltung. Und da sind wir schon mittendrin in unserem Auftreten, denn das Aussehen ist natürlich nicht alles.

Ihr Auftreten

Das Aussehen ist natürlich nicht alles! Viele junge Frauen kommen zu mir in die Praxis, bildhübsch, schlank und gestylt, doch mit hängenden Schultern und einem Händedruck, der sofort verrät, wie unsicher sie sind. Eine Fassade alleine genügt eben nicht.

Stellen Sie sich vor, sie gehen zu einem Vorstellungsgespräch. Natürlich sind Sie unsicher. Das ist ganz normal. Aber müssen Sie deswegen gleich hereinschleichen wie ein Dackel, den man auf den Schwanz getreten hat? Muss gleich jeder sehen, dass Sie vor Angst nicht gerade gehen können? Nein! Das Schöne: Wenn Sie Ihre Mimik und Körperhaltung bewusst verändern, fühlt es sich auch gleich ganz anders an. So können Sie nicht nur Ihre Wirkung verbessern, sondern auch Ihre Unsicherheit vor so einem Gespräch ganz einfach in den Griff bekommen: Atmen Sie einige Male ganz tief und ruhig bis hinunter in den Bauch. Richten Sie sich auf, straffen Sie die Schultern, heben Sie den Kopf selbstbewusst und lächeln Sie. Sie werden merken, wie die Anspannung abfällt und Ihre Sicherheit spürbar wächst.

! WICHTIG

Mit dem richtigen Auftreten
- vermitteln Sie, wie wichtig und wie ernst Ihnen eine Sache ist.
- machen Sie sich selbst und andere Menschen locker.
- beeinflussen Sie Ihr eigenes Wohlbefinden und Ihre Selbstsicherheit.

Im ersten Kapitel, auf Seite 22, habe ich Sie gebeten, einmal festzulegen, welche Gefühle Ihr Leben derzeit beherrschen. Schauen Sie sich Ihre Antworten dazu noch einmal an. Denn das, was in uns steckt, beeinflusst ganz gewaltig auch unser Auftreten.

Auf dieser Basis habe ich gleich zwei gute Nachrichten für Sie:
- Durch die Arbeit mit diesem Buch stärken Sie sich und Ihr Selbstbewusstsein und damit kommen auch stärkende und positive Gefühle immer intensiver zum Vorschein. Diese verbessern gleichzeitig auch Ihre Wirkung und Ihr Auftreten. Ganz automatisch!
- Wir können durch das Auftreten auch unsere Gefühle zu unseren Gunsten beeinflussen. Darum funktioniert das eben genannte Beispiel mit dem Vorstellungsgespräch so einfach: Indem Sie sich aufrichten und durchatmen, wirken Sie nicht nur stabil und stark, sondern fühlen sich auch so.

Daraus ergibt sich ein ganz einfaches Trainingsprogramm in drei Schritten für Sie, mit dem Sie ab sofort Ihr Auftreten gezielt und in Ihrem Sinne steuern können:

1. Überprüfen Sie Ihr Auftreten, indem Sie mehrmals am Tag eine kleine Inventur machen: Richten Sie Ihre Aufmerksamkeit innerlich auf sich selbst: Wie stehe ich momentan da? Bin ich eingeknickt, mit runden Schultern oder stehe ich mit beiden Beinen locker und aufrecht? Fühle ich mich verkrampft oder bin ich entspannt? Schaue ich freundlich oder ernst oder gar griesgrämig?

Wirke ich zugänglich oder verschlossen? Spreche ich mit fester Stimme oder stockend-zittrig? Richten Sie einfach zwischendurch immer mal Ihren Fokus auf Ihre momentane Wirkung.

2. Gewöhnen Sie sich an, immer, wenn Sie mit jemandem sprechen, Blickkontakt zu halten. Nichts vermittelt Entschlossenheit mehr als ein fester Augenkontakt und nichts sagt Ihrem Gegenüber intensiver »Mir ist es ernst, hör mir zu, schenke mir deine volle Aufmerksamkeit und nimm du mein Anliegen auch ernst«. Schauen Sie natürlich freundlich, lächeln Sie, wenn es etwas zu lächeln gibt, aber bleiben Sie ernst, wenn Sie ein ernstes Anliegen haben. Halten Sie Blickkontakt. Das ist anfangs vielleicht ungewohnt, aber Sie werden sehen, dass es Ihnen schnell in Fleisch und Blut übergeht. Vor allen Dingen aber hilft es Ihnen, daran zu denken, nicht zwischen Tür und Angel oder gar nebenbei etwas Wichtiges mit jemandem klären zu wollen.

3. Halten Sie Nervosität oder Kniezittern aus! Es ist überhaupt nicht schlimm, wenn man Ihnen ansieht, dass Sie gerade nervös oder unsicher sind. Gerade, wenn Sie sich soeben mehr und mehr trauen, Ihre Bedürfnisse zu äußern oder Grenzen zu ziehen, ist das ganz schön aufregend! Keine Sorge: Unsicherheitssignale unterminieren Ihr Auftreten nicht, sofern Sie das, was Sie sagen möchten, klar durchziehen und idealerweise eben Blickkontakt halten. Sie können durchaus auch sagen: »Es kostet mich Überwindung, das zu sagen ...« oder »Ich bin etwas nervös ...« Oft ist das alleine schon genug, um über Unsicherheit ganz schnell hinwegzukommen.

Und damit sind wir auch schon beim nächsten wichtigen Aspekt: Denn das Auftreten spielt auch eine große Rolle dabei, wie Ihre Worte beim Gegenüber ankommen.

Was Sie wie sagen

Nina sagt, während sie den Haushalt erledigt, nebenbei zu Ihrem etwas dominanten Ehemann: »*Rudi, ich würde gerne, eventuell, wenn es möglich ist, ich meine ... wenn es sich zeitlich ausgeht, eine Weiter-*

bildung besuchen.« Er schaute sie an und meinte: »*Kommt nicht in Frage!*« Sie ahnen sicher schon, was hier in die falsche Richtung lief, oder? Rudi konnte ganz klar erkennen, dass sich seine Frau vielleicht sicher war, aber es überhaupt nicht ausdrücken konnte. In der Praxis erlebe ich immer wieder, dass Frauen sich völlig von der Meinung ihres Mannes abhängig machen. Es ist ihnen oft nicht einmal bewusst. Natürlich übertragen sie diese Unsicherheit auch ins Außen.

Wie hätte Nina handeln sollen, um zum Erfolg zu kommen? Sie hätte, das wissen Sie jetzt ja bereits, ihrem Rudi mit festem Blick in die Augen schauen und mit ruhiger Stimme sagen können: »*Rudi, ich habe eine Ausbildungsreihe gesehen, die mich interessiert, und da gehe ich in zwei Monaten hin!*« Aus Punkt.

Anders gesagt: Sie sind auch verantwortlich dafür, dass Ihre Botschaften klar und unmissverständlich beim anderen ankommen. Allzu oft machen wir es unseren Mitmenschen nämlich ziemlich schwer! Sehen Sie sich diese Beispiele an:

gesagt:	Klartext:
»Ich bin noch nicht sicher, ob ich kommen kann morgen, es fühlt sich an, als ob ich Kopfschmerzen bekomme.«	»Sei mir nicht böse, aber ich möchte morgen Abend nicht weggehen. Die Woche war sehr anstrengend. Ich freue mich, mich auf meiner Couch zu entspannen. Lass´ uns für kommende Woche etwas ausmachen.«
»Vielleicht wäre es eine gute Idee, wenn wir nochmal nachfragen, bevor das so an den Kunden rausgeht.«	»Wir haben versäumt, den Kunden xy zu fragen. Darum haben wir jetzt nicht sicher alle Informationen für diesen Auftrag. Ich möchte das abklären, bevor es falsch rausgeht.«
»Man müsste mal das Fenster aufmachen.«	»Hier ist schlechte Luft. Ich mache das Fenster kurz auf, um stoßzulüften.«

SELBST-CHECK
Welche Sprachmuster erkennen Sie bei sich?

- Ich sage oft »man« anstatt »ich«.
- Ich schwäche oft ab mit »eigentlich«, »sollten«, »wäre es nicht besser« und anderen Weichmachern.

- Ich zögere, stocke und stottere oft.
- Ich flüchte mich öfter mal in Ironie und Witze, um sagen zu können, dass etwas nicht so gemeint war.
- Wenn ich mich traue, etwas zu fordern, rudere ich oft schnell wieder zurück.
- Ich sage ehrlicherweise oft gar nichts und reagiere nur.
- Ich warte oft ab, was andere meinen, und schließe mich dann an.
- ....
- ....

Haben Sie Sprachmuster entdeckt, die Ihr Auftreten unterminieren? Dann heißt es »Gefahr erkannt, Gefahr gebannt!« Denn jetzt wissen Sie, was Sie sich angewöhnt haben, und können es umtrainieren: Der erste Schritt dazu ist abermals das Bewusstmachen. Wenn Sie bemerken, dass Sie wieder in ein solches Sprachmuster verfallen, sagen Sie sich innerlich: »Stopp! Jetzt mache ich es gerade wieder.« Nehmen Sie es einfach wahr und korrigieren Sie sich. Überlegen Sie sich gleich jetzt, welche alternative, bessere Ausdrucksweise Sie statt des jeweils erkannten Musters künftig einsetzen möchten.

💡 ANTIHASCHERL-TIPP

Am ehesten können Sie Ihr Auftreten in Gesprächen verbessern, indem Sie sich vorher genau damit auseinandersetzen: Wenn Sie in einem Gespräch ein bestimmtes Ziel erreichen wollen, bereiten Sie es bitte immer vor. Überlegen Sie: Was will ich genau sagen? Was möchte ich erreichen? Wann wäre der beste Zeitpunkt? Schreiben Sie sich Ihre Argumente auf, überlegen Sie sich mögliche Fragen oder Gegenargumente und wie Sie diesen begegnen könnten. Am besten erleben Sie es im Geiste auch schon immer wieder, wie Sie es genau machen, was Sie sagen werden. Und Sie sehen sich auch, wie Sie ruhig bleiben, wie Sie Sicherheit ausstrahlen und auch, dass Sie genau wissen, was Sie wollen. Auf diese Weise strahlen Sie, wenn es darauf ankommt, eine unerschütterliche Sicherheit aus und können mit Einwänden wunderbar umgehen.

Wie Sie handeln

»Taten sagen mehr als Worte« heißt es und das ist goldrichtig. Entsprechend nimmt man das, was Sie tun, sehr viel deutlicher wahr als das, was Sie sagen.

Christine arbeitet seit einigen Jahren in einem Büro. Sie möchte gerne endlich mehr Verantwortung übertragen bekommen: Sie kennt sich gut aus, macht ihre Arbeit fehlerfrei und kann mehr als die frisch eingestellten Kolleginnen. Was Christine gar nicht bewusst ist, ist, dass sie immer schimpft: Sie rollt mit den Augen, wenn sie Arbeit auf den Tisch bekommt. Sie stöhnt: »*Was soll ich noch alles machen!*« Sie ist immer gehetzt und wenn man sie darauf anspricht, jammert sie, wie gestresst sie ist.

Und so jemandem soll man noch mehr Verantwortung – und damit Arbeit – übertragen?

Fast jede von uns hat solche Verhaltensweisen, die uns in mancherlei Hinsicht boykottieren. Das Ziel ist, eine eventuell vorhandene Schere von »sagen« und »tun« zu erkennen und sie in Einklang zu bringen. Damit dies gelingt, richten Sie bitte Ihre Aufmerksamkeit einmal verstärkt auf Ihr Verhalten. Das geht in zwei Schritten. Zunächst habe ich wieder einen Selbst-Check für Sie vorbereitet. Bitte beantworten Sie die folgenden Fragen und machen Sie sich einmal intensiv zu jeder Frage Gedanken:

♥ SELBST-CHECK
Schere: sagen und handeln

Finden Sie so viele Aussagen wie möglich nach diesem Muster:

Ich sage oft ...., tue aber ....

....

zum Beispiel:
- ☐ Ich sage oft, dass mir Ehrlichkeit wichtig ist, lüge aber oft (z. B. wenn ich eine Verabredung nicht einhalten möchte).
- ☐ Ich sage, dass Leute direkt mit mir sprechen sollen, wenn ihnen etwas an mir nicht passt, beklage mich aber bei Freunden und Kollegen über abwesende Dritte.
- ☐ Ich sage oft zu meinen Kindern, dass Sie mutig Neues ausprobieren sollen, aber selbst traue ich mich überhaupt nie an Neues heran.

Machen Sie sich aus dieser Übung einen Spaß: Sie dient nicht dazu, sich schlecht zu machen oder gar Unzulänglichkeiten zu erkennen, sondern Sie sollen sich mit Neugier bei solchen Widersprüchen ertappen und sich sagen können: »Schau an! Da hab ich doch eine Menge, was ich direkt anpacken und für mich verändern möchte!«

Im zweiten Schritt korrigieren Sie solche Widersprüche: Schritt für Schritt. Wenn Sie gemerkt haben, dass Sie mehrere Baustellen in dieser Hinsicht haben, dann ist das überhaupt nicht schlimm. Setzen Sie sich nicht unter Druck, sondern nehmen Sie sich immer wieder ein kleines, ganz konkretes Ziel vor, das Sie dann im Alltag fest im Auge behalten. Sie werden sehen, dass sich diese Aufmerksamkeit ganz schnell ausbreitet und Sie künftig von Haus aus Ihre Worte und Ihr Tun in Einklang bringen.

Damit Sie genau verstehen, wie das gemeint ist, hier ein Beispiel:

Nehmen wir an, Sie haben sich dabei ertappt, dass Sie oft über andere urteilen oder sogar negativ denken (oder sprechen): »Ach ja, die Frau XY ist doch immer die Erste, wenn es um ihren Vorteil geht!«, »Der Meier sollte sich wirklich nicht auch noch diese fette Sahnetorte reinstopfen!«, »Jetzt schleimt sie sich wieder bei mir ein, was die wohl will?!«

Eigentlich verabscheuen Sie so ein Verhalten. Wenn andere über Sie urteilen oder lästern würden, fänden Sie das einen schlechten Zug. Dass Sie es selbst oft genug machen, ist Ihnen noch gar nie richtig aufgefallen.

Ihr Anspruch an sich selbst – Sie wissen ja: Selbstverantwortung! – ist: »Was du nicht willst, dass man dir tu ...«, das heißt Sie nehmen sich vor, über andere Menschen nicht einfach zu urteilen oder negativ zu denken.

Damit Sie das auch umsetzen können, nehmen Sie sich folgende konkrete Schritte vor:
- Ich stoppe und korrigiere mich, wenn ich bemerke, dass ich es wieder tue.
- Ich gewöhne mir an, künftig häufig positiv über andere Menschen zu denken und zu sprechen.
- Ich mache nicht mit, wenn andere über nicht Anwesende negativ sprechen.
- Ich kehre vor meiner eigenen Türe oder suche das direkte Gespräch, wenn es um etwas geht, das mich betrifft.

ANTIHASCHERL-TIPP
Achten Sie unbedingt auch auf die Wertungen, die Sie sich selbst gegenüber machen: »Was hab ich da nur schon wieder getan!« Oder »Meine Güte, du schaffst doch nie was!« Damit ziehen Sie sich runter und begrenzen Ihren Mut und Ihre Handlungsfreiheit.

Sehen Sie, wie einfach es ist, sich eine Verhaltensweise vorzuknöpfen und sich selbst ein handfestes kleines Trainingsprogramm zu verordnen?

Sie können auf vielen verschiedenen Wegen an Ihrem Image, Ihrer Wirkung und Ihrem Auftreten arbeiten und finden so zu einem verantwortlichen und noch zufriedeneren Leben.

Verändern Sie Gewohnheiten

»Wenn ich mir diese blöde Gewohnheit doch endlich abgewöhnen könnte«, ärgert sich Sabine und meint damit, dass sie immer andere für sich entscheiden lässt. Sie »übergeht« damit ihre Selbstverantwortung geflissentlich und fühlt sich danach als »Opfer der Umstände«. Es ist ihr bewusst, dass nur sie es ändern kann, aber sie ist einfach noch nicht so weit, es zu ändern.

Jeder von uns hat bestimmte Gewohnheiten. Und manche dieser Gewohnheiten schränken die Selbstbestimmung ein. Da Sie heute an einem Punkt sind, wo Sie neue Saiten aufziehen möchten, ist es wichtig, solche gewohnheitsmäßigen Muster zu erkennen. Denn gerade Gewohnheiten sind die eingefahrenen Trampelpfade, die uns manchmal wie ein Autopilot steuern.

Neun verbreitete Gewohnheiten, die unsere Selbstverantwortung stören, sind beispielsweise:

Ja sagen	Andere entscheiden lassen	Sich selbst in eine Schublade stecken
Sie sagen oft Ja oder stimmen anderen Vorschlägen und Meinungen eigentlich immer sofort zu, ohne Bedenkzeit und auch, wenn Sie schon wissen, dass Sie das eigentlich nicht möchten.	Sie überlassen anderen die Wahl, finden erst heraus, wie andere zu einer Sache stehen, worauf diese Lust haben, was ihnen wichtig ist – und richten sich dann jeweils danach, was dabei herauskommt.	Sie haben bestimmte feste Bilder von sich, zum Beispiel, dass sie manche Dinge einfach nicht können oder »dazu nicht geboren sind«, und darum probieren Sie vieles gar nicht erst aus.

Trampelpfade im Gehirn	Alte Annahmen und Erfahrungen als Referenz	Schwarz sehen
Sie bewegen sich in festgelegten Denkbahnen, gehen Probleme immer auf dieselbe Weise an, holen immer altgediente Argumente vor, auch solche, die Sie nie hinterfragt haben.	Sie basieren Ansichten und neue Entscheidungen auf früheren Annahmen und alten Erfahrungen. Doch nicht jede Situation ist gleich und auch Sie selbst haben sich über die Jahre verändert.	Sie neigen dazu, immer das Haar in der Suppe zu finden, sich immer in schillerndsten Farben auszumalen, was schiefgehen »wird« oder was alles ganz Furchtbares passieren könnte.

Sich hintanstellen	Ständig rückversichern	In der Komfortzone bleiben
Sie sind es gewöhnt, zurückzustecken, sich selbst keine Wünsche zu erfüllen, kein Geld für sich auszugeben, keine Zeit und Freiräume für sich zu nutzen.	Sie haben sich angewöhnt, auf Nummer sicher zu gehen: Wie würde der andere es machen? Kann er die Verantwortung übernehmen? Wie viele andere stimmen zu?	Sie bewegen sich immer nur in den Rahmenbedingungen, wo Sie wirklich sicher sind: im engeren Familien- oder Freundeskreis, im alten Beruf, am gleichen Ort ...

SELBST-CHECK
Welche eingefahrenen Gewohnheiten haben Sie?

Nehmen Sie sich die eben vorgestellten neun Gewohnheiten genau vor: Gibt es eine oder mehrere, die Sie an sich selbst auch erkennen? Kreuzen Sie an, welche das sind, und führen Sie näher aus, wie sie sich in Ihrem Alltag zeigen.

- Ja sagen
- andere entscheiden lassen
- sich selbst in eine Schublade stecken
- Trampelpfade im Gehirn
- alte Annahmen und Erfahrungen als Referenz
- schwarz sehen
- sich hintanstellen
- ständig rückversichern
- in der Komfortzone bleiben

Welcher weiteren Gewohnheiten, die Ihre Selbstverantwortung beschneiden, sind Sie sich bewusst?

....
....
....

Sehen wir uns nun einmal ganz praktisch an, wie uns derlei Gewohnheiten im Alltag dazwischenfunken:

»Es regt mich maßlos auf, dass ich jeden Samstag zur Schwiegermutter auf Besuch fahren muss«, sagt Ulrike und meint auch gleich dazu: *»Ich weiß, dass nur ich selbst es ändern kann, aber ich schaffe es noch nicht.«*

Ulrike ist hier in der alten Gewohnheit, etwas einfach mitzumachen – gegen ihren Willen, aber aus Pflichtbewusstsein und weil sie annimmt, dass es sonst zu Konflikten käme. Vielleicht kommt Ihnen genau dieses Beispiel sogar sehr bekannt vor.

Viele Frauen meinen dann: »Ach, bevor ich meinen Mann vergräme, fahre ich halt mit zur Schwiegermutter!« Ich sage Ihnen, wenn Sie hier etwas machen, was Sie eigentlich nicht möchten, tun Sie es auch in anderen Bereichen. Genau in diesen Alltagssituationen beginnt Ihre Selbstverantwortung: Entscheiden Sie sich für den »leichteren«, bekannten Weg oder stehen Sie zu sich? Es gibt ja nicht nur das JA oder NEIN, wie es auch nicht nur Schwarz oder Weiß gibt, sondern zahlreiche Zwischentöne. Wenn Sie also nicht jede Woche mitkommen möchten zur Schwiegermutter, dann schlagen Sie doch eine Alternative vor. Vielleicht, dass Sie jede zweite oder dritte Woche mitfahren.

ANTIHASCHERL-TIPP

Seien Sie aufmerksam, wenn sich beim nächsten Mal so eine alte Gewohnheit meldet. Erinnern Sie sich daran, dass das eingefahrene – oft ganz automatische – Reaktionen nach sich zieht. Jetzt liegt es an Ihnen, diese zu unterbrechen:

- indem Sie für sich bewusst wahrnehmen: Aha, jetzt befinde ich mich in einer alten Gewohnheit. Und zwar, ohne sich dafür zu schelten! Nehmen Sie es einfach wahr.
- indem Sie sich erinnern, dass Sie den Autopiloten ausschalten können: Normalerweise würde ich mich jetzt soundso verhalten, aber es liegt an mir, das jetzt zu verändern.
- indem Sie aussprechen, wenn Ihnen etwas nicht behagt, und eine alternative Lösung bieten.
- oder auch, indem Sie eine Grenze setzen. Wie das geht, zeige ich Ihnen jetzt.

Ziehen Sie Grenzen

»Du musst halt eine Grenze ziehen!«, das hört man und weiß es oft nur zu gut. Nur, so leicht wie sich das anhört, ist es beileibe nicht. Frauen sind es oft nicht gewöhnt, sich aufzulehnen. Manche haben nie gelernt, eine eigene Meinung zu bilden. »*Ich bin direkt von meinem strengen Vater zu einem ebenso dominanten Mann gekommen*«, erzählt Maria und schaut traurig. Sie wagt es einfach nicht, sich zu behaupten, alleine wenn sie nur daran denkt, dass sie sich jetzt eigentlich wehren müsste, fangen die Knie zu schlottern an. Der Mund ist wie ausgetrocknet und es ist einfach nicht möglich, auch nur ein Wort zu sagen. Ihre Angst vor Konflikten ist größer als alles andere. Vielleicht hat sie ja auch Angst, nicht mehr geliebt zu werden, wenn sie nicht mehr ist, wie sie alle haben wollen.

Unser Harmoniebedürfnis ist oft so groß, dass wir alles andere hintanstellen. Wir lassen unsere Grenzen verschwinden – einfach um die Harmonie zu erhalten. Nur, es ist eine trügerische Harmonie, die, wenn wir gegen unsere Bedürfnisse und Wünsche handeln, oft schwer auf unseren Schultern lastet. Sie sehen schon, Sie sind nicht alleine, wenn Sie sich ebenfalls schwer tun, Grenzen zu ziehen. Wie immer ist es am besten, bei sich selbst anzufangen.

Grenzen bei sich selbst ziehen

Die wichtigste Grenze, die uns zurückhält, ist, dass wir uns irgendwo in der Pflicht sehen.

Ist Ihnen schon einmal aufgefallen, wie viele Menschen ständig »etwas müssen«? Dieses »Ich muss noch« kommt auch uns oft ganz schnell über die Lippen. Was heißt das eigentlich? »Ich muss heute noch schnell …« Müssen wir wirklich oder ist es eine Redewendung? Eine Redewendung, die ständig Energie kostet, weil sie uns das Gefühl gibt, mit der Arbeit nicht fertig zu werden und auch irgendwie getrieben zu sein.

»Ich muss heute arbeiten gehen!« Ja, **müssen** wir arbeiten gehen oder haben wir uns diese Arbeit **freiwillig** ausgesucht, weil sie ja auch unser Leben verschönert und Wünsche erfüllt, die wir ohne diese Arbeit nicht erfüllt bekämen. Ist es dann wirklich ein MUSS oder etwas selbst Gewähltes? Wir sprechen hier von Selbstverantwortung. Wo bleibt sie denn, die viel gepriesene und angestrebte Selbstverantwortung, wenn wir uns im »Müssen«-Wald verirren?

Vielen Menschen ist gar nicht bewusst, dass sie sich mit ihrer Sprache selbst Energie nehmen.

Anna Maria sagt: *»Ja, ich muss aber arbeiten, sonst können wir die Raten für das Haus nicht bezahlen!«* Das stimmt ja, aber wer wollte denn dieses große Haus? Anna Maria könnte dankbar sein, dass sie diese Möglichkeit der Arbeit hat, eben damit sie dieses Haus behalten kann.

Die Schwester vom »Ich muss« ist das »Eigentlich sollte ich«. Was sagt dieses »Eigentlich sollte ich …« in Wirklichkeit aus? Sollte ich oder sollte ich nicht? Eigentlich – heißt für mich – ich kann mich für keine Richtung entscheiden. Eigentlich weiß ich, dass ich heute noch die Post machen sollte, doch es geschieht nichts. Und das weiß ich bereits, wenn ich »eigentlich« sage.

💡 ANTIHASCHERL-TIPP

Beobachten Sie sich, wie oft Sie sagen: »Ich muss …« Ersetzen Sie das »Ich muss« durch »Ich will«. Das klingt nicht nur viel schöner, sondern macht ein angenehmeres Gefühl. Vergleichen Sie selbst, wie es sich anfühlt, wenn Sie statt »Heute muss ich noch bügeln« sagen: »Heute will ich noch meinen Bügelberg bezwingen!«

Beobachten Sie auch, wie oft Sie sagen: »Eigentlich sollte ich …« Und überlegen Sie: Möchten Sie es nicht tun? Dann haken Sie die Aufgabe für heute guten Gewissens ab. Oder korrigieren Sie sich und sagen: »Nun mache ich mich noch an die Post und freu mich, dass alles erledigt ist!«

Spüren Sie auf, wie oft Sie am Tag diese Redewendung verwenden. Am besten nehmen Sie Cents in die rechte Hosentasche und jedes Mal, wenn Sie sich bei einem »Ich muss« ertappen, geben Sie ein Cent in die linke Hosentasche. So können Sie überprüfen, wie oft Sie noch in die »Müssen«-Falle tappen! Lächeln Sie über sich selbst, wenn Sie sich wieder einmal beim »Ich muss« hören! Werden

Sie kreativ beim Formulieren. Es kann so richtig Spaß machen, sich solche angewohnten Redewendungen abzugewöhnen, und schon nach kurzer Zeit werden Sie sehen, dass Sie viel weniger Cents in der Hosentasche haben!

Widmen wir uns nun einer weiteren wichtigen Facette des »Ich muss«: Es gibt Situationen, die uns nicht gut tun, in denen wir uns aber gefangen fühlen. Das sind die wirklich kniffligen Lebensbereiche, in denen wir wissen, dass wir uns eigenverantwortlich verändern sollten, aber keine Möglichkeiten sehen.

ÜBUNG

Bitte fragen Sie sich: Wo empfinden Sie ein MUSS wirklich als ein MUSS?

Ich bitte Sie, diese Übung wirklich ehrlich zu machen – nur in Gedanken! Es gibt keinen Grund, angespannt zu werden. Sie müssen überhaupt nichts tun. Geben Sie sich nur einmal hier und jetzt die Freiheit, ungute Situationen ganz ehrlich, nur für sich selbst, zu beleuchten. Das könnten Fragen wie diese sein:

- MUSS ich wirklich ständig für alle da sein, obwohl es vielleicht gar niemand von mir verlangt?
- MUSS ich wirklich diesen Job behalten, obwohl ich jeden Tag mit Magenkrämpfen das Haus verlasse?
- MUSS ich wirklich diese Partnerschaft erhalten, obwohl Beleidigungen und Lieblosigkeit den Alltag beherrschen?
- MUSS ich mir wirklich ständig das Gelabere der Nachbarin anhören oder wage ich es bald einmal, ein NEIN zu sagen?
- MUSS ich wirklich alles absagen, weil mein Mann glaubt, er muss bis Mitternacht in der Firma sein?

Vielleicht finden Sie noch mehr, wo Sie sich ernsthaft fragen, wie das MUSS entschärft oder gar losgelassen werden kann. Manchmal ist es besser, einen Schlussstrich zu ziehen, einen neuen Job zu wagen oder gemeinsam Lösungen zu erarbeiten, damit es wieder ein Familienleben gibt. Manchmal tut es gut, einfach auszusprechen: »Es ist genug, es muss einfach eine Änderung geben!« Und zwar nicht: »Eigentlich…« ‚sondern – »Ja, nun tue ich es!«

Wenn wir uns aus dem MUSS-Gedanken befreien und uns überhaupt erlauben wahrzunehmen, wie sehr uns etwas bedrückt oder verletzt, dann sind wir erst in der Lage, unseren Blick auf eine Veränderung zu richten. Mut wird im Leben immer belohnt. Wagen Sie sich raus und schauen Sie sich um, was es in Ihrer Umgebung noch gäbe. Sie brauchen eine ungute Situation nicht abrupt zu verlassen. Für den Anfang geht es nur darum, den Tatsachen ins Auge zu sehen, sich selbst wichtig zu nehmen und einfach mal zu schauen, was es für Lösungen geben könnte. Wenn Sie offen für Neues sind, dann schauen Sie nämlich mit ganz anderen Augen! Geben Sie sich die Erlaubnis, einmal nur daran zu denken, wie eine Veränderung aussehen könnte. Lassen Sie die Begrenzungen Ihrer Gedanken hinter sich und denken Sie: »Was wäre, wenn ich....« Lassen Sie Ihren Gedanken freien Lauf, einfach um neue Ideen und Gefühle aufzuspüren.

Egal, um welchen obigen Punkt es sich handelt, erlauben Sie sich zu träumen, Sie wagen die Schritte. Sie werden merken, je mehr Sie davon träumen, eventuell sogar darüber sprechen, desto mehr wird die Energie in Ihnen steigen.

Eine Veränderung geht fast nie von einer Minute auf die andere. Muss sie auch nicht. Sie soll in Ihnen reifen und gedeihen. Und in kleinen Schritten zu ernten sein. Sie selbst merken, wenn die Zeit reif ist, aber bitte dann ernten Sie auch! Dann wagen Sie den Schritt, denn nur Sie sind es, die es tun kann.

ANTIHASCHERL-TIPP

Geben Sie sich selbst ausdrücklich die Erlaubnis, dass Sie die Dinge positiv für sich verändern dürfen. Dass Sie jede Situation in Gedanken vollständig durchspielen dürfen, auch wenn Sie dabei das Undenkbare denken oder wenn Ihnen eine mögliche Lösung Angst macht. Erlauben Sie sich, in Gedanken keinerlei Begrenzung zu haben. Auf diese Weise kommen Sie Ihren Bedürfnissen und Wünschen sehr viel näher und nehmen wichtige Grenzen überhaupt erst einmal wahr.

Grenzen ziehen in der Familie

Vielleicht ist es für Sie gar kein Thema, im Kreis Ihrer Lieben Grenzen zu ziehen. Es kann sehr gut sein, dass in der Familie alles wunderbar und harmonisch läuft: Dass jeder von Ihnen klar sagt, was er möchte und was nicht, und dass Sie im Familienverbund immer konstruktive Lösungen finden. Manchen Menschen fällt es einfach sehr viel leichter, in diesem so vertrauten Kreis Bedürfnisse und Wünsche zu äußern, Kompromisse einzugehen und wenn einmal ein Problem auftaucht, es gemeinsam zu lösen. Wenn Sie diese Situation in Ihrer Familie bereits leben, dann herzlichen Glückwunsch! Dann können Sie diesen Abschnitt überspringen.

Meine praktische Erfahrung mit vielen Seminarteilnehmerinnen – und auch meine eigene Lebenserfahrung – ist es, dass sich viele Frauen gerade in der Familie schwer tun mit Grenzen. Das hängt natürlich oft auch mit der Rolle als Ehefrau und Mutter zusammen. Wenn unsere Kinder klein sind, sind wir Dreh- und Angelpunkt, versorgen sie, kümmern uns um den Haushalt und um die Bedürfnisse aller Familienmitglieder. Doch Ehemänner sind keine Kinder und kleine Kinder werden groß. Darum ist es nur natürlich, wenn Sie sich mehr und mehr Ihren eigenen Freiraum zurückerobern und eben nicht automatisch für alles zuständig sind.

Wenn das bei Ihnen auch der Fall ist, dann dürfte ein großes Thema die Aufgabenverteilung in der Familie sein: Wer macht was?
- Wer kauft ein?
- Wer macht den Haushalt?
- Wer erledigt Absprachen, Telefonanrufe, Termine?
- Wie ist das »Transportwesen« geregelt, werden beispielsweise die Kinder überall hingefahren?

Es ist kein leichter Job, in der Familie, die »Mama ist für alles da« gewohnt ist, Grenzen zu ziehen. Aber es ist möglich, die Angst zu überwinden. Die Angst vor Zurückweisung und vielleicht sogar Liebesentzug, wenn ich nicht mehr so funktioniere, wie es alle gewöhnt sind. Oft reagieren unsere Lieben übrigens zwar erstaunt, aber sie finden es ganz wunderbar, dass Sie sich endlich mehr auf die eigenen Füße stellen.

Ursula, die gewohnheitsmäßig für ihre schon erwachsenen Kinder am Wochenende immer deren gesamte Wäsche wusch und bügelte, wurde irgendwann klar, dass sie das nicht mehr tun möchte: *»Wenn ihr am Wochenende zu Besuch kommt, möchte ich mit euch gemeinsam Zeit verbringen und nicht eine Maschine nach der anderen waschen und alle eure Kleider bügeln.«* Ihre Kinder stutzten erst und wurden sich dann erst darüber klar, dass ihre Mutter tatsächlich das ganze Wochenende am Tun und Machen war. Alle Beteiligten hatten dieses Arrangement einfach so aufgenommen und nie in Frage gestellt. Ab diesem Zeitpunkt brachten die Kinder ihre Wäsche mit heim, steckten sie selbst in die Maschine und aus dem Besuch wurde wirklich ein Besuch.

Jetzt sind Sie dran! (Ich habe die nächste Aufgabe etwas offener gehalten und nicht nur auf Haushaltsaufgaben begrenzt – denn eine Grenze in der Familie kann ja auch etwas anderes betreffen.)

♥ SELBST-CHECK
In welcher Hinsicht möchten Sie gerne Grenzen in der Familie ziehen?

Hier würde ich gerne eine Grenze ziehen:	Wie sähe eine gute Lösung dafür aus?

Haben Sie wirklich alles aufgelistet? Seien Sie großzügig mit dem Aufschreiben, Bescheidenheit bringt Sie nicht weiter. Und es gilt auch nicht zu sagen: »Ach, das zahlt sich doch gar nicht aus, das ist ja selbstverständlich!« Ja, Sie haben recht, manches ist selbstverständlich und man macht es so nebenher, aber es gehört trotzdem auf die Liste.

Überlegen Sie ernsthaft, welche Aufgaben wer übernehmen könnte. Und lassen Sie bitte niemanden aus. Nicht die Tochter, die ja so arm ist, weil sie so viel lernen muss, und nicht den Gatten, der in der Firma so viel Stress hat. Jeder, wirklich jeder kann ein bisschen beitragen.

Wenn Sie sich klar sind, wer was übernehmen kann, dann lassen Sie es ein bisschen wirken und erleben innerlich schon, wie Sie diese Neuigkeiten weitergeben.

In der Folge überlegen Sie sich einen schönen Familienausflug und bei dieser Gelegenheit geben Sie der Familie Ihre Wünsche bekannt. Seien Sie Sie selbst, sagen Sie Ihrer Familie, wie Sie sich fühlen, dass Ihnen einige Dinge zu viel sind oder dass Ihre Grenzen überschritten sind. Bitten Sie Ihre Familie, Sie zu unterstützen und Ihre Grenzen zu respektieren. (Und das bitte nicht nur einen Tag, sondern bleiben Sie sich treu und fordern Sie es bei Nichteinhaltung immer wieder ein.) Seien Sie mutig, es lohnt sich.

Grenzen ziehen im Beruf

Dasselbe gilt natürlich für die Arbeitsstelle. Werden Sie auch hier die selbstbewusste Frau, die weiß, was sie möchte. *»Immer bin ich es, die die meiste Arbeit auf den Tisch bekommt«*, beklagt sich Ute. Sie kann es kaum schaffen und bleibt deshalb oft viel länger im Büro, um alles zu erledigen. Hier ist ein klares Wort nötig. Ohne anklagend oder vorwurfsvoll zu sein, sollte Ute ihren Standpunkt klarmachen. Sie möchte nicht ständig Mehrarbeit für andere leisten und auch einmal pünktlich aus dem Haus gehen.

Gibt es in Ihrem Beruf bestimmte Grenzen, die Sie gerne ziehen möchten? Das kann die Arbeitslast betreffen, das kann das Zurückstecken bei der Urlaubsregelung sein, es können Kollegen sein, die Ihnen zu private Fragen stellen oder oder oder – Es können natürlich auch Grenzen sein, die Sie sich selbst gegenüber ziehen sollten.

♥ SELBST-CHECK
In welcher Hinsicht möchten Sie gerne Grenzen im Beruf ziehen?

Hier würde ich gerne eine Grenze ziehen:	Wie sähe eine gute Lösung dafür aus?
•	

Vielleicht gibt es unter Ihren Aufzeichnungen Punkte, für die Sie selbst keine Lösung finden. In diesem Fall können Sie einfach das Gespräch mit der betreffenden Person suchen – zum Beispiel Ihrem Vorgesetzten – und ihm das Problem schildern.

So sagen Sie, wenn Ihnen etwas nicht passt!

Zu erkennen, wo Sie Grenzen ziehen möchten, ist das eine – es wirklich zu tun, ist eine ganz andere Angelegenheit! Hier einige handfeste Tipps, wie Sie ganz selbstbewusst und konstruktiv sagen, was Ihnen nicht gefällt ... und wie Sie es gerne hätten.

Handeln Sie nie in Wut oder bei verletzten Gefühlen.

Gewinnen Sie erst die Fassung wieder. Aufgewühlte Emotionen sorgen für unsachliche und aufgebrachte Diskussionen. So wird das nichts! Versuchen Sie zuerst ruhiger zu werden:

- Atmen Sie einige Male ruhig bis tief in den Bauch, das macht Sie insgesamt ruhiger.
- Achten Sie auf eine respektvolle Sprache, nehmen Sie Wertungen heraus.
- Wenn Sie zu aufgebracht sind, bringen Sie erst einmal Distanz zwischen sich und Ihr Gegenüber: indem Sie eine kurze Pause vereinbaren oder das Gespräch auf später verschieben.

Formulieren Sie in Gedanken oder sogar schriftlich, was Sie sagen möchten.

Am besten funktioniert das Grenzenziehen, wenn Sie sich gedanklich vorbereiten: sich über das, was Sie erreichen möchten, klar werden, sich mit der Situation und möglichen Einwänden auseinandersetzen. Es hilft auch sehr, ein Gespräch in Gedanken durchzuspielen, aber bitte konstruktiv und nicht, indem Sie sich alle möglichen Horrorszenarien plastisch ausmalen.

Warten Sie auf eine gute Gelegenheit.

Schleudern Sie anderen niemals grob etwas vor die Füße. Bringen Sie wichtige Anliegen nicht mal eben zwischen Tür und Angel vor. Je wichtiger das Gespräch für Sie ist, desto wichtiger ist es, dafür einen speziellen Gesprächstermin zu vereinbaren.

Helfen Sie sich durch Rahmenbedingungen.

Vielleicht möchten Sie eine angenehme Atmosphäre beim Essen schaffen. Oder Sie schlagen einen Spaziergang vor, wo Sie nebeneinandergehen und unverfänglicher sprechen können. Es ist viel leichter, sich nicht direkt gegenüberzusitzen und jede Mimik wahrzunehmen.

Bitten Sie Ihr Gegenüber, einfach erst mal zuzuhören.

Gerade wenn man sich so richtig ein Herz fassen muss, ist es oft wichtig, nicht unterbrochen zu werden, damit auch wirklich alles »raus darf«. Bitten Sie Ihr Gegenüber, erst mal zuzuhören. Bringen Sie dann Ihr Anliegen sachlich und respektvoll vor. Und halten Sie dann den Mund! Manchmal verleitet uns Schweigen dazu, immer weiter und weiter zu sprechen. Das verwässert das Anliegen nur und sorgt vielleicht dazu, dass Sie in einem Atemzug einen Rückzieher machen.

Sprechen Sie in der ICH-Form.

Seien Sie nicht vorwurfsvoll! Oft ist den anderen gar nicht klar, dass sie – vielleicht sogar schon länger – eine Grenze überschritten haben, weil Sie das bisher nie angesprochen haben. Sprechen Sie in Ich-Botschaften: Ich fühle mich nicht ernst genommen, ich fühle mich überlastet, ich fühle, dass die Arbeit, die von mir verlangt wird, zu schwer ist …. (anstatt: »**Du** tust ja nichts für mich!«, »**Du** lässt mich immer alleine!«)

Sagen Sie klar, was Sie sich wünschen.

Konzentrieren Sie sich nicht auf das, was war. Reiten Sie nicht ewig auf Grenzüberschreitungen herum, sondern seien Sie lösungsorientiert: Sagen Sie klar, was Sie sich vom anderen wünschen – beziehungsweise, was Sie erwarten.

- »Wenn ich nie bestimmen darf, was wir am Wochenende tun, fühle ich mich nicht wahrgenommen. Ich wünsche mir, dass ich auch nach meinen Plänen und Wünschen gefragt werde und wir gemeinsam entscheiden.«
- Oder: »Ich fühle mich nicht ernst genommen, wenn du mir immer sofort ins Wort fällst. Bitte lass mich ab jetzt genauso ausreden, wie ich dich ausreden lasse.«

Hören Sie selbst einfach aufmerksam zu.

Fragen Sie Ihr Gegenüber, wie es die Sachlage sieht. Seien Sie ehrlich daran interessiert, aber lassen Sie Ihren Kontrahenten nicht ausweichen auf irgendwelche Gegenargumente oder Analysen, was Sie sich jetzt gerade wohl denken könnten. Ihr Anliegen steht im Mittelpunkt und Ihr Gegenüber soll sich von seiner Warte aus dazu äußern. Fragen Sie gezielt nach, fordern Sie Lösungsvorschläge oder Zusagen. Und hören Sie genauso aufmerksam zu, wie Sie sich das vorher auch erbeten haben.

Beenden Sie das Gespräch nur mit einer klaren Vereinbarung.

Lassen Sie den anderen nicht ausweichen und weichen Sie selbst nicht aus. Bringen Sie es zu einer klaren Vereinbarung!

Handeln Sie in eigener Macht!

»Na, die spielt ja ihre ganze Macht aus!« Hören Sie den negativen Beigeschmack? Macht ist in unserer Gesellschaft fast nur negativ besetzt. Warum eigentlich? Was ist schlecht an der Macht? Wenn Sie ausgenützt wird und andere damit klein gemacht werden. Ja, das stimmt!

Warum denken wir bei Macht immer sofort an negative Begriffe wie ausnützen, übervorteilen und gar Korruption?

Macht lässt sich doch auch wunderbar für gute Zwecke nützen! Denken Sie an die Macht der Worte, die so viele Menschen im positiven Sinne erreichen. Oder an die Macht eines Chefs, der für seine Mitarbeiter so viel bewirken kann. Macht ist kraftvoll. Macht kommt von machen. Und was ist schlecht am Machen?

Ich persönlich finde es besser, machtvoll zu sein, als ohnmächtig, wie das Wort »Ohn(e)macht« es schon sagt. Mit Macht kann ich sehr viel Gutes tun. Denn auf machtvolle Menschen hört man. Macht braucht Selbstbewusstsein und Selbstvertrauen. Wer »in seiner Macht« handelt, hält die Zügel für sich und sein Leben in der Hand und kann es steuern!

SELBST-CHECK
Sind Sie machtvoll – oder fühlen Sie sich als Opfer?

Wäre doch interessant zu wissen, wie Sie sich fühlen? Manchmal ist einem gar nicht bewusst, wie machtvoll oder machtlos man sich fühlt. Vielleicht sind Sie noch gar nicht auf die Idee gekommen, Ihre Gefühle zu definieren? Hier haben Sie die Gelegenheit dazu:

Haben Sie Gedanken wie:
- Ach was, über mich wird sowieso immer bestimmt. (Opferdasein)
- Was soll's, meine Meinung ist niemandem wichtig.
- Wie immer ich es auch mache, es ist immer falsch.
- Ich will doch gar nicht machtvoll sein.
- Macht ausüben gehört sich einfach nicht.
- Nur wer tut, was verlangt wird, ist anerkannt und geliebt.
- Man muss ja schließlich für die anderen da sein.

Schauen wir uns nun die andere Seite an: Vielleicht denken Sie ja auch:
- Ich möchte endlich für mich selbst bestimmen.
- Ich tue, was ich für richtig halte, was kümmern mich die anderen?

- Macht sinnvoll eingesetzt kann viel Gutes bewirken.
- Ich freue mich, dass ich mich gut und stark fühlen kann.
- Ich weiß, wenn ich möchte, dann habe ich Macht.

Sie sehen schon, es ist wieder einmal sehr entscheidend, wie wir denken. Wenn Sie denken, »Na, ich kann ja sowie nichts ändern, ich habe nun mal keine Macht«, dann nehmen Sie sich von vornherein den Wind aus den Segeln.

Auch wenn Sie noch so entschlossen sind, für sich einzutreten, Ihre Bedürfnisse und Wünsche zu leben: Wenn die innere Stimme sagt »Ich kann nichts ausrichten!«, dann stehen Sie auf verlorenem Posten.

WICHTIG
Selbstverantwortung findet auch in Gedanken statt!

Sie kennen inzwischen die Kraft der Gedanken (s. S. 98). Üben Sie in Ihrer Gedankenkraft Ihr machtvolles Leben. Achten Sie auf kraftvolle und machtvolle Gedanken. Machtvolle Gedanken könnten sein:

- Ich bin gleichwertig mit allen Menschen.
- Es steht in meiner Macht, **mein** Leben zu leben, wenn ich es möchte.
- Ich bestimme, wie weit ich meine Macht einsetze.
- Ich traue mich immer mehr, meine Macht zu leben.

Zuversicht können Sie also in sich wachsen lassen!

Haben Sie momentan noch eher das Gefühl, dass andere bestimmen, dass Sie nicht das Recht haben, für sich einzutreten, oder nicht die Macht, etwas zu verändern?

Dann überlegen Sie einmal, wo das herkommt. Manchmal sind es alte Glaubenssätze, oft hat unsere Mutter oder unsere Oma uns das auch einfach vorgelebt. Genau wie viele Männer eine bestimmte Frauenrolle vorgelebt bekommen haben und entsprechende Erwartungen an Frauen stellen.

Solche Muster schränken uns ein. Es lohnt sich, sich seine eigene Macht zu erobern. Und wenn Ihnen der Begriff zu negativ besetzt ist, dann besetzen Sie ihn einfach neu für sich! Synonyme von »Macht« sind nämlich auch: Achtung, Ansehen, Einfluss, Einwirkung, Geltung, Gewicht, Können, Stärke, Vermögen.

- Möchten Sie, dass Ihre Bedürfnisse geachtet werden?
- Wollen Sie angesehener werden?
- Ist es nicht Zeit, aktiver Einfluss auf Ihr Leben zu nehmen?
- Wäre es nicht schön, auf andere Menschen und Situationen positiv einzuwirken?
- Wollen Sie Ihrer Meinung mehr Geltung verleihen?
- Möchten Sie Ihren Wünschen – auch für sich selbst – mehr Gewicht verleihen?
- Wäre es nicht großartig, Ihr Können noch mehr auszuleben?
- Ist die Zeit nicht dafür reif, Stärke zu zeigen?
- ... Und möchten Sie sich nicht endlich zeigen, was Sie alles zu tun vermögen?

Liebe Leserin,

es war mir ein persönliches Bedürfnis, dieses Buch für Sie zu schreiben. Viel zu viele Frauen stellen ihr Licht unter den Scheffel, trauen sich nicht, ihr Leben noch aktiver für sich zu gestalten ... und ich freue mich, dass ich Ihnen zahlreiche Anregungen und Übungen in die Hand geben konnte, die Ihrem Leben eine noch glücklichere Richtung geben.

Bringen Sie frischen Wind in den Alltag!
Probieren Sie Neues aus!
Machen Sie Ihr Leben wieder spannend!

Lassen Sie die Schichten, die Sie aus Unsicherheit und Frust, aber auch, um »es allen recht zu machen« aufgebaut haben, endlich los und kehren Sie wieder zu sich selbst zurück. Werden Sie frei für die Freude, für die Liebe und das Leben: Werden Sie vom »Hascherl« zur »Frau, die fest auf ihren Füßen steht«!
  Dazu wünsche ich Ihnen von Herzen Glück und Segen,
  Ihre Edeltraud Haischberger

PS: Ich freue mich, wenn Sie mir schreiben, wie Ihnen das Buch gefallen und genützt hat. E-Mail: seminare@haischberger.at oder Tel: 0043 676 638 13 35

ANHANG

Webtipps

www.haischberger.at
Website der Autorin mit zahlreichen Tipps und allen aktuellen Seminarterminen für ein glücklicheres und gesünderes Leben.

www.teket.at
Angelika Teket – Angels für die Seele, Seminare für Bewusstsein und Spiritualität
Die Welt der Zahlen-Pentalogie

www.pandeus.de
Heliamus Raimund Stellmach, Lebenslehrer für Spiritualität und Wachstum

www.zeitzuleben.de
Zahlreiche Online-Tipps zu Kommunikation, Kritik, Konflikten, Selbstmanagement etc.

www.elisabeth-arndt.de
»Seminare für Körper und Seele«

www.gesund-werden-mit-selbstheilung.de
Forum für Gesundheit und Spiritualität

www.diegesundeseite.at
Therapeuten bieten Hilfe

www.thomashartl.at
Journalist und Autor von Gesundheitsbücher

Buchtipps

KÖSSNER, Christa: **Die Spiegelgesetzmethode –
Ein praktischer Wegweiser in die Freiheit**
Verlag Ennsthaler, 7. Auflage Februar 2008

KÖSSNER, Christa: **Schlüssel zum Glücklichsein –
Das Spiegelgesetz**
Verlag Ennsthaler, 8. Auflage Februar 2009

HÄRTER, Gitte: **Nerv nicht! Über den Umgang mit
Nervensägen, Rechthabern, Langweilern & Co.**
Gabal Verlag, 2010

HÄRTER, Gitte / ÖTTL, Christine: **Das 1 x 1 der
Schlagfertigkeit. So reagieren Sie jederzeit souverän.**
GU Verlag, 2. Auflage 2008

KINGSTON, Karen: **Feng Shui gegen das Gerümpel
aus dem Alltag – Richtig ausmisten, gerümpelfrei bleiben.**
rororo Verlag, 2. Auflage Nov. 2009

HÄRTER, Gitte: **Mehr Disziplin, bitte**
GU Verlag, 2. Auflage 2009

HÄRTER, Gitte: **Schlagfertigkeit –
Zeigen Sie, was in Ihnen steckt**
GU Verlag, 3. Auflage 2009

HÄRTER, Gitte: **222 Tipps & Tricks für Gewinner.
So holen Sie das Beste aus sich raus.**
GU Verlag, 1. Auflage 2011

HARTL, Thomas / Hofer, Reinhard: **Geheilt!
Wie Menschen den Krebs besiegten!**
Überreuter Verlag, 1. Auflage 2008

SCHWARZ, Friedhelm: **Muster im Kopf –
Warum wir denken, was wir denken**
rororo Verlag, 2. Auflage Jänner 2006

SHER, Barbara: **Ich könnte alles tun,
wenn ich nur wüsste, was ich will**
Deutscher Taschenbuchverlag, Neuauflage Juli 2005

ZURHORST, Maria: **Liebe dich selbst und es ist egal,
wen du heiratest**
Goldmann Verlag, August 2009

Weiters im *Ennsthaler* Verlag erschienen:

Karin Achleitner-Mairhofer
Dem Schicksal auf der Spur
Familiäre Verstrickungen erkennen und lösen

Sind unser Erfolg und unser Lebensglück steuerbar? Was bestimmt unser Glück?

Karin Achleitner-Mairhofer zeigt anhand vieler Fallbeispiele aus ihrer Praxis der Familienaufstellungen auf, wie Schicksal entsteht und was wir dafür tun können, um Glück, Liebe, Gesundheit und Erfolg in unser Leben zu bringen.

Durch die intensive Beschäftigung mit der Gehirnforschung und der – momentan sehr aktuellen – Quantenphysik geht die Autorin auch der Frage nach, inwieweit unser Schicksal von den Genen bestimmt wird und wie wir durch unsere Gedanken und Einstellungen vorhandene Programme verändern können.

Fazit: Wir haben durch Erkennen und Lösen unserer Verstrickungen die Möglichkeit, den Weg zu unserem Glück selber in die Hand zu nehmen!

ISBN 978-3-85068-845-1; 13,5x21 cm, 328 S., geb.

Weiters im *Ennsthaler* Verlag erschienen:

Heike Ackermann
Schwangerschaft, die natürlichste Sache der Welt!
Naturheilkunde für Schwangerschaft und Wochenbett
Mit Tagebuch!

Heike Ackermann, erfahrene Hebamme und Heilpraktikerin, schuf einen kostbaren Ratgeber für schwangere Frauen, eine sanfte Hilfe zur Selbsthilfe. Da fast alle Medikamente während der Schwangerschaft ausgeschlossen sind, sind Naturheilmethoden die Heilmethoden für die sensiblen Körper der werdenden Mütter und ihrer Babys. **Homöopathie • Kräuter • Aroma-Therapie • Schüßler-Salze • Hildegard-Medizin**
Mit vielen Tipps für die Geburt, Anlaufstellen von Behörden (D/A/CH) und integriertem Schwangerschafts-Tagebuch.

ISBN 978-3-85068-825-3; 192 S., A5, geb.

Harmonische Schwangerschaft – leichte Geburt
Suggestionen zwischen Traum und Wirklichkeit

Audio-CD; ISBN 978-3-85068-839-0; Laufzeit ca. 40 Minuten

Weiters im *Ennsthaler* Verlag erschienen:

Pam Grout
Living big
**Schalte den Fernseher ab
und beginne zu leben**

Finden Sie Ihre große Leidenschaft! Gehen Sie ihr nach!

Living big handelt von gewöhnlichen Leuten, die außergewöhnliche Dinge tun. Es handelt von Visionären und Täumern; Leuten, die das Bequeme und Glamouröse durch eine sinnvolle Vision ersetzt haben.

Pam Grout ermuntert Sie aufzustehen und Ihre einzigartige persönliche Leidenschaft zu finden. Denn nur das, was Sie richtig gern machen, machen Sie richtig gut. Damit dienen Sie sich selbst und den anderen.

Living big bedeutet:
• den eigenen Rhythmus finden.
• aus der Reihe zu tanzen.
• mutig die eigene Wahrheit zu beanspruchen.

ISBN 978-3-85068-676-1, 13,5x21 cm, 176 S., br.

Weiters im *Ennsthaler* Verlag erschienen:

Ann Gadd
Die verborgenen Botschaften der beliebtesten Märchen

Über die spirituelle Bedeutung der beliebtesten Märchen

Märchen berühren uns in besonderer Art und Weise.
Sie umfassen Lehren und Weisheiten, die über Jahrtausende hinweg durch mündliche Erzählungen an uns weitergegeben wurden.
Ann Gadd hebt die spirituelle Bedeutung dieser Geschichten hervor und hilft uns so, die den Märchen innewohnende Weisheit in den verschiedensten Phasen unserer Lebensentwicklung zu nutzen.
Sie zeigt uns, dass es in jedem Märchen tiefe Erkenntnisse und spirituelle Wegweiser zu entdecken gibt. Sie gibt uns damit einen Schlüssel zum besseren Verständnis der beliebtesten Märchen in die Hand.

ISBN 978-3-85068-819-2, 13,5x21 cm, 184 S., br.;